KB232803

원격교육의 효과성

원격교육의 효과성

구 교 정 著

한국학술정보(주)

머 리 말

지금 우리는 변혁의 21세기인 지식기반 사회, 지식의 창출시대에 살고 있다. 변혁의 21세기에 적응하기 위해서는 평생에 걸쳐 끊임없이 배우고 새로운 지식을 습득·창출하야여 하며, 만약 그렇지 않으면 개인은 물론 그 어떤 조직이나 국가도 시대에 뒤떨어지게 된다. 그런 점에서 우리는 평생학습 사회를 실현하는 일이 무엇보다도 중요하다는 사실을 강조하지 않을 수 없다. 이런 평생학습 사회를 구축하는데 가장 중요한 과제는 평생교육 참여율을 제고하는 것이다. 그러나 우리나라 성인들의 대부분이 시간부족 때문에 평생학습에 참여하지 못하는 것으로 지적되고 있다. 평생학습에 대한 참여를 확대시키기 위해서는 원격교육을 통해 재교육, 재택학습이 더욱 확대되어야 할 것이다.

최근 어느 나라를 막론하고 원격교육에 대한 관심이 고조되고 있고, 유아교육에서 성인교육에 이르기까지 다양한 수준의 교육에 확산되어 활용되고 있다. 특히, 인터넷 쌍방향 첨단매체의 발달과 평생교육에 대한 요구가 늘어가면서 원격교육의 활용 범위도 더욱 확대될 것이다. 그러나 원격교육에 대한 효과성을 검증해 보려는 노력과 효과성에 영향을 미치는 요인에 대한 분석은 매우 미흡한 수준이다. 따라서 이 책에서는 원격교육의 효과성과 효과성에 영향을 미치는 요인을 분석하였다.

이 책은 양적 연구방법론을 이용하여 원격교육 효과성을 분석하고자 하였다. 제1장에서는 연구의 필요성과 목적, 연구의 문제, 원격교육과 유사한 용어 등을 파악하였고, 제2장에서는 원격교육의 개념, 특징, 원격교육을 통한 성인학습의 유용성 및 교원연수의 필요성, 교원 원격교육의 현황 및 특징을 살펴보았고, 그 다음으로 성인 원격교육의 효과성과 효과성에 영향을 미치는 요인들에 대한 학문적인 연구들을 분석하였다. 제3장에서는 연구방법론적 차원에서 연구모형, 조사도구, 다양한 방법들에 대한 분석방법을 소개하였다. 제4장에서는 연구결과에 대해 효과성 관련 변인들에 대한 기초자료, 변인들 간의 상관관계, 학습자에 따라 효과의 차이를 구체적으로 살펴보았고, 효과성에 영향을 미치는 요인들에 대해 다각적인 형태로 분석하였다. 제5장에서는 원격교육의 효과성과 효과성에 미치는 요인들에 대해 선행연구와 관련성 및 차이점을 분석하였고, 향후 개선되어야 부분들에 대해 제언하였다.

마지막으로 이 책은 원격교육에 관심을 가지는 독자들이나 원격교육 관련 양적 연구방법론적인 차원에서 조금이나마 도움이 되기를 간절히 바라며, 앞으로 원격교육에 대한 지속적인 관심과 성실한 연구로 더 알찬 내용이 될 수 있도록 계속 노력할 것을 약속드립니다.

2006년 4월

구 교 정

목 차

표목차

그림목차

I. 서 론

1. 연구의 필요성 및 목적

평생학습 사회 구축을 위한 가장 중요한 과제 중 하나는 성인의 평생교육 참여율 제고이다. OECD가 발표한 '교육정책 분석 2005' 보고서에 따르면, 2003년에 이루어진 성인(25세 이상－64세 이하)들의 평생학습 참여율은 덴마크가 52%, 스웨덴이 56%, 핀란드가 48% 등으로 높게 나타났다. 그러나 우리나라의 경우 2003년도 성인(15세 이상 재학생 및 재수생 제외)들의 평생학습 참여 비율이 21.6%(통계청, 2004)이며, 2004년에 성인(25세 이상－64세 이하)의 평생교육 참여율은 23.6%에 불과한 실정이다(최돈민외, 2005).

일반 성인들의 70%정도가 평생교육 필요성에 대해 인식하고 있고(이희수외, 2002), 과반수(54.7%)가 경력과 일을 위해 참여하기 원하지만(최돈민외, 2005), 평생학습에 참여하지 못하는 데에는 성별, 연령, 학력을 막론하고, 시간 부족이 가장 큰 원인 중 하나로 지적되고 있다(김영화, 2001; 최돈민외, 2005). 따라서 시간적, 공간적 한계를 극복할 수 있는 원격공간에서의 교육은 평생학습 참여를 확대시키는데 크게 기여할 것으로 전망된다.

원격교육은 인터넷과 새로운 정보통신기술을 활용하는 것으로(Rogenberg, 2001; 정옥년, 2002), 필요한 사람(right people)이 필요한 장소(right place)에서 필요한 내용(right contents)을 필요한 시간(right time)에 학습(just in time)을 가능하게 한다. 즉, 원격공간을 이용하는 교육시스템은 교수자와 학습자가 직접 만나지 않은 상태에서 정보통신매체를 매개로 하여 주요 교육활동이 일어나는 교육체제로 학습자가 시간과 공간의 제약 없이 수업에 참여할 수 있을 뿐만 아니라 자신의 능력에 맞게 적합한 속도로 학습할 수 있는 장점이 있다. 이러한 장점으로 인하여 원격교육을 통해 학습하는 학습자는 직장에 근무하면서 전문성 향상을 위한 재교육을 받을 수 있고, 혹은 가정에서 재택학습을 통해 학위과정 등을 이수할 수도 있다. 따라서 원격교육은 성인들의 학습 참여를 촉진시키게 하는 중요한 교육유형으로 볼 수 있다.

최근 몇 년 사이에 원격교육은 학교, 기업, 공무원 교육기관 등 많은 조직에서 도입하여 실시되고 있으며, 그 형태도 상업적인 형태의 교육에서부터 직업훈련 및 기업의 직무교육에 이르기까지 다양하게 활용되고 있다. 교원연수에서도 원격교육이 도입됨으로써 전국 각지 교원들의 평생교육 기회가 크게 확대되었다. 우리나라의 교원 원격연수 기관은 1997년 원격연수 시범기관으로 경상남도 교육연수원과 한국교원대학교 교육연수원이 지정·운영되었고, 2005년 현재 56개의 원격교육 연수원이 운영되고 있다. 2003년 초·중등교원의 30.3%인 총 9만 1천여 명의 교원이 원격연수에 참여한 것으로 조사되었으며(교육인적자원부, 2004), 2005년에는 총 56개 원격교육 연수원에서 468개 과정을 운영하고 있다(교육인적자원부, 2005). 학교의 정보 인프라 구축여건과 법적·제도적 기반 등을 고려할 때 교원연수에서 원격교육의 활용은 더욱 확대될 것으로 전망되며, 지식정보화 사회에 대비한 교원의 전문성 제고와 정보화 시대에 대비한 교원들의 정보화 마인드 함양을 위하여 원격교육의 필요성과 중요성이 한층 강조되고 있다.

이와 같이 원격교육을 통한 연수가 급속도로 확산되고 있지만 아직까지 원격교육 연수원의 질을 평가하고 그 효과를 검증해 보려는 노력은 매우 미흡한 편이다. 현재까지 원격교육 질의 평가와 관련된 선행연구들은 대부분의 연구들이 학교에서 실시하는 가상대학 및 원격대학원을 대상(허미화·염창선, 2001; 유평준, 2003a)으로 하고 있으며, 교원을 대상으로 원격교육 효과에 영향을 미치는 요인을 분석한 연구는 거의 없는 실정이다. 또한, 그 내용도 대부분 원격교육의 만족도(정해용·김상훈, 2002)나 학습 성과(임광명, 2000; 신현국, 2001; 서혜전, 2001)를 다루고 있을 뿐이며, 만족도도 대부분 학습이 끝난 직후 느끼는 학습만족도를 평가하는 방법에 의존하고 있어, 학습자들이 학습 결과를 실제로 교육현장에 활용해 볼 기회를 갖지 못한 채 학습 효과를 평가할 수밖에 없는 한계를 지니고 있다.

한편, 대부분 기존의 연구에서는 통계방법에 있어 회귀분석이나 분산분석을 적용하였기 때문에 측정수준이 다른 자료를 개인 또는 집단수준으로 분산(disaggregation)시키거나 압축(aggregation)시킴으로써 유발되는 통계적인 오류가 있었다.

따라서 이 연구에서는 효율적인 원격 학습체제를 구현하기 위해 원격 교육기관에서 실시하고 있는 정보화 원격교육과정 참여 교원을 대상으로 원격교육 효과성과, 그 효과성에 영향을 미치는 요인을 분석하고자 하였다. 정보화 원격교육의 효과성은 여러 측면에서 접근할 수 있지만, 이 연구에서는 정보화 원격교육 프로그램의 일차적 목표가 정보기술활용능력의 향상에 있으므로 정보기술활용능력 향상도를 하나의 효과 영역으로 보았으며, 학습대상이 교사인 만큼 학습 결과를 학교 현장에서 실제로 얼마나 적용할 수 있었느냐를 또 하나의 효과 영역으로 보았다. 마지막으로 정보화 원격교육이 성인교육 프로그램이라는 점을 고려하여 학습자들의 자기개발에 기여한 정도를 또 하나의 효과 영역으로 보았다.

이와 같은 효과성 영역 각각에 대하여 어느 정도 향상되었으며, 효과성에 영향을 미치는 요인은 무엇인지를 분석하였다. 원격교육 프로그램을 통한 학습 결과를 교육현장에서 실제로 활용해 본 후에 그 효과를 판단할 수 있도록 하기 위하여 원격연수를 이수한 후 학교에서 2개월 이상 학교업무에 적용한 교사들을 대상으로 연구를 수행하였으며, 자료의 다수준성을 고려하여 위계적선형모형 분석을 적용하였다. 이 연구는 향후 교원을 비롯한 성인대상 원격교육 운영의 개선을 위한 기초 자료를 제공할 것이다.

2. 연구의 문제

이 연구에서는 효율적인 원격교육을 제고를 위해 정보화 원격교육과정 참여 교원을 대상으로 원격교육 효과성과 효과성에 영향을 미치는 요인을 분석하고자 하였다. 이 연구에서 다루고자 하는 구체적인 연구의 문제는 다음과 같다.

첫째, 정보화 대상 원격교육의 효과성은 어느 정도인가?
① 정보화 원격교육을 통해 학습자들의 정보기술활용능력이 어느 정도 향상되었는가?
② 정보화 원격교육을 통해 습득한 정보화 기술을 학습자들이 학교현장에서 어느 정도 적용하였는가?
③ 정보화 원격교육이 학습자들의 자기개발에 어느 정도 기여하였는가?

둘째, 정보화 원격교육 효과성에 영향을 미치는 요인은 무엇인가?
① 정보화 원격교육 프로그램 이수시 학습참여도에 영향을 미치는 요인은 무엇인가?
② 정보화 원격교육의 정보기술활용능력 향상도에 영향을 미치는 요인은 무엇인가?
③ 정보화 원격교육을 통해 습득한 정보화 기술의 현장적용도에 영향을 미치는 요인은 무엇인가?
④ 정보화 원격교육의 자기개발기여도에 영향을 미치는 요인은 무엇인가?

셋째, 정보화 원격교육의 예측변인들이 학습참여도에 영향을 미침으로서 정보화 원격교육의 효과성에 영향을 미치는 경로는 어떠한가?
① 정보화 원격교육의 예측변인들이 학습참여도에 영향을 미침으로서 정

보화 원격교육 효과성에 간접적 영향을 미치는 경로는 어떠한가?

② 정보화 원격교육의 예측변인들이 학습참여도에 영향을 미치지 않고, 정보화 원격교육 효과성에 직접적 영향을 미치는 경로는 어떠한가?

3. 용어 정의

가. 원격교육

교육인적자원부의 정의에 의하면, 원격교육은 정보통신기술(컴퓨터, 통신, 위성통신, CATV 등)을 활용하여 사이버 공간에서 교수자와 학습자가 시간적·공간적 제약을 받지 않고 이루어지는 교육을 말한다. 원격교육은 IT(Information Technology)를 교육에 활용한 방법을 지칭하는 용어로 가상교육(Virtual Education),[1] 사이버 교육(Cyber Education),[2] 온라인 교육(Online Learning),[3] 웹기반 교육(Web-based Training),[4] WBI(Web-based Instruction),[5] IBI(Internet based Instruction),[6]

---

1) 가상교육은 가상의 공간에서 이루어지는 교육 형태를 지칭하는 용어로 1990년대 후반부터 가상캠퍼스, 가상대학 등의 용어들과 함께 등장하였다.

2) 사이버 교육은 가상교육과 유사한 개념으로 현실공간과 대비되는 사이버 공간에서의 교수-학습을 의미한다.

3) 온라인 교육은 네트워크의 특성을 기반으로 비판적 공동체를 형성할 수 있다는 점에서 종전의 원격교육의 패러다임과는 구별된다.

4) 웹기반 교육은 미리 계획된 특정한 방법으로 학습자의 지식이나 능력을 육성하기 위한 의도적인 상호작용에 대해 웹을 통해 전달되는 활동이다.

5) WBI는 웹을 수단으로 하여 교수-학습을 실현하는 일체의 교수법 또는 교육을 말한다. 따라서 WBI가 이루어지려면 네트워크가 설치된 컴퓨터가 필요하며, 전자우편(E-mail)이나 검색엔진 등의 수단을 적극적으로 활용하게 된다.

6) IBI는 인터넷을 수단으로 하여 지식을 생성, 조직, 전파하는 새로운 교육방식을 의미한다.

이러닝(E-learning),[7] 유러닝(U-learning)[8]과 유사한 개념으로 사용되고 있다.

평생교육법의 법제처 심사시 가상교육은 가상(假想)의 표현이 의미상 적절하지 않고, 사이버 교육(Cyber Education)은 외래어로서 법률 용어로 사용하기에 부적합하다고 지적되어 원격교육이라는 용어를 법·행정적 용어로 통일하였다(교육인적자원부, 2002).

따라서 이 연구에서 온라인 교육, 가상교육, 사이버 교육, 웹기반 교육, 이러닝(E-learning), 유러닝(U-learning)을 동일한 개념으로 이해하고, 맥락에 따라서는 이와 같은 용어를 혼용하여 사용하였다.

나. 교원 원격교육

교원 원격교육은 교원을 대상으로 정보통신기술을 통한 사이버 공간을 주 학습장으로 하여 교수요원과 연수생의 상호작용을 통해 학습자 중심의 자기주도적인 학습이 가능한 연수 형태를 말한다.

---

7) e-learning은 2004년 초반에 이르러 정부에서 주도한 '인터넷 기반 EBS 수능 강의'의 확대 실시로 인해 사회적인 통념상 인터넷 기반으로 학습하는 것을 의미한다.

8) nu-learning은 유비쿼터스의 기술을 이용하여 언제 어디서나 원하는 학습을 할수 있는 것으로 빈 시간을 활용, 장소에 구애 받지 않고 학습할 수 있게 함으로서 학습자들의 학습 효율성 및 효과성을 극대화할 수 있다는데 있다.

다. 정보화 원격교육

정보화 원격교육은 정보통신 기술을 활용하는 능력을 높여 나가는데 초점을 두고 있다. 교육인적자원부에서는 원격교육 연수원을 도입하기 위해서 2000년 '교원 등의 연수에 관한 규정'을 개정하고, 원격교육 연수원 설치 기본계획을 수립하여 원격교육 연수원의 지정 인가기준을 마련하였다. 2005년 총 56개의 교원 원격교육 연수원이 운영되고 있다. 교원 원격연수는 정보화 연수과정, 현직교사를 위한 교직과 전공 연수과정, 인성 및 생활지도 연수과정 등으로 운영되고 있다.

정보화 원격연수과정의 강좌에는 'PC기초에서 인터넷까지', '포토샵 기초에서 활용까지', '학교에서 엑셀', '파워포인트 활용하기', '수업활용을 위한 멀티미디어 홈페이지 제작', '즐거운 수업을 위한 ICT 활용교육', '역동적 홈페이지 제작을 위한 플러시 기초에서 활용까지' 등이 있다. 원격교육 연수원에 따라 교육과정이 약간의 차이가 있지만 이와 유사한 교육과정으로 운영하는 프로그램을 정보화 원격연수과정이라 하는데, 이 연구에서는 정보화 원격교육이라는 용어로 정의하였고, 정보화 원격연수과정 혹은 정보화 원격직무연수와 동일한 개념으로 사용하였다.

Ⅱ. 이론적 배경

1. 원격교육

가. 원격교육의 개념

원격교육은 가르치는 사람과 배우는 사람이 같은 시간, 같은 장소에 있지 않고, 떨어져 있으면서 어떠한 매체를 매개로 하여 교수-학습이 일어나는 형태의 교육을 말한다. 경제적·지역적·신체적 장애로 인해 학업이 불가능한 학습자들의 대안적인 교육 형태로 인식되어 있었던 원격교육이 최근 정보사회로 변화하면서 학교교육과 평생교육 차원에서 중요한 교육 형태로 자리 잡고 있다. 일반적으로 원격교육은 학습자원을 원격 학습자에게 제공하고, 원격수업(수업과정에서 교수자·강사의 역할)과 원격학습(학습자의 역할) 모두를 포함하는 의미로 정의되고 있다(Rena & Keith, 2000).

초기에 원격교육을 정의한 Holmberg(1989)는 어떤 형태의 테크놀로지를 사용하든 간에 교수자와 학습자의 분리된 상태의 교육, 즉 강의실이나 같은 건물에서 학습자들에 대한 교수자의 지속적이고 즉각적인 관리 하에 일어나지 않는 모든 형태의 교육활동을 원격교육의 가장 기본적인 특성으로 규정하였다. 초기에는 이러한 분리를 원격교육과 전통적인 형태의 면대면 수업을 구별 짓는 특징으로 보고 있다.

Moore와 Kearsley(1996)는 원격교육이 가르치는 곳과 분리된 곳에서 일어나며, 그 때문에 특별한 조직적·행정적 정비뿐 아니라, 교수설계와 교수방식에 있어서도 특별한 기술이 필요하며, 첨단 테크놀로지를 이용한 특정 의사소통 방식을 필요로 하는 계획된 학습이라 하였다. 강상현(1998)은 온라인 원격교육을 컴퓨터와 컴퓨터 통신망을 이용하여 쌍방향 교육을 실현하고, 일대일의 교수-학습을 지원하며, 시·공간적 제약을 벗어나는 교육이라 하였다. 김희수(2003)는 한계 없는 교육으로서 원격교육을 인성적·지성적·사회적 측면에서 개개인의 욕구를 충족시키면서 자율성 교육목표를 달성하기 위한 교육이라고 하였다. 가령, 교육과정, 교육방법, 평가 등에서 개개인의 선택을 중요시하여야 함에 의미를 두고 자기주도 학습, 개방학습, 원격교육 등을 한계 없는 교육(flexible education) 체제로 포함시키고 있다.

최근 Simomson외(2003)는 원격교육의 정의에 4가지 주요 요소가 포함된다고 하였다(〔그림 Ⅱ-1-1〕참조).

〔그림 Ⅱ-1-1〕 원격교육의 구성요소

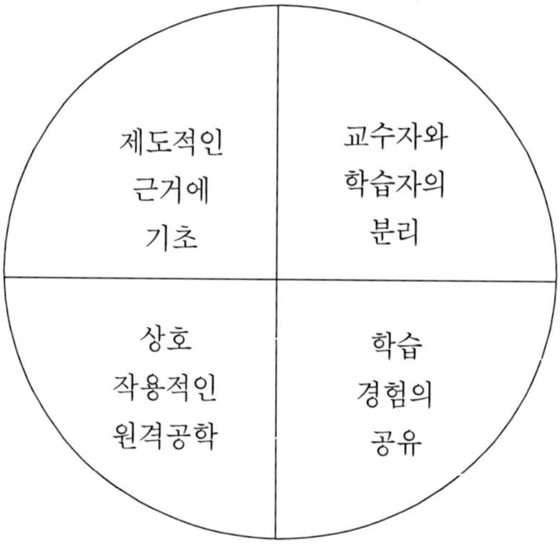

원격교육은 제도적인 근거에 기초를 둔 교육기관으로 전통적인 학교 또는 대학일 수도 있고, 비형식적인 교육기관 또는 기업·회사·협회 등이

될 수 있다. 원격교육의 두 번째 요소는 교수자와 학습자의 분리에 대한 개념이다. 교수자와 학습자는 시·공간적으로 분리되어 있을 뿐만 아니라 지적으로 분리되어 있다. 세 번째 요소는 상호작용적인 원격통신인데, 상호작용은 동시적일 수 있고, 비동시적일 수도 있다. 상호작용이 교수의 주 특성이 될 수는 없지만 가능한 한 허용되어야 하고, 자주 일어나야 하며, 관련적이어야 한다. 최종적으로 학습자·자원·교수자를 연결하는 개념으로 학습자와 상호작용 하는 자원이 있다. 자원은 학습을 촉진하는 학습경험으로 조직되어야 한다.

나. 원격교육의 특징

원격교육은 다양한 통신매체를 매개로 하여 교육을 실시하는 교육 형태로 기술공학, 특히 통신기술의 발전과 밀접한 관계를 맺으면서 발달하여 왔으며, 우편통신 학습, 컴퓨터와 네트워크, 멀티미디어를 이용한 쌍방활동 등 단계적으로 발전하여 왔다.

백영균(1999)은 원격교육의 특징을 다음과 같이 제시하고 있다. 첫째, 많은 양의 최신 정보를 빠른 시간 내에 교류할 수 있도록 해 주며, 둘째, 기존의 단방향(one way) 매체 전송과는 달리 고도의 상호삭용적 의사소통을 가능하게 해 준다. 셋째, 기존의 전통적인 교실수업 체제나 면대면 수업 혹은 전화 통화에서와 같은 동시적 상호작용뿐만 아니라 시간과 공간을 초월한 비동시적 상호작용을 가능하게 해 준다(Romiszowski & Ravitz, 1996). 넷째, 고도의 동시적·비동시적 상호작용을 통해 협력학습체제를 가능하게 해 준다. 다섯째, 독특한 사회·심리적 커뮤니케이션 구조를 제공하여 줌으로써 면대면의 교실에서 어려운 긍정적 학습 효과를 가져올 수 있다. 여섯째, 다른 매체들의 활용보다 교육의 비용·효과면에서 보다 경제적이라는 특징을 갖고 있다.

조은순(2002)은 원격교육의 특징으로 학습과정에서 컴퓨터를 활용하여 각각의 단계를 단축시켜 줌으로서 단시간에 많은 양의 정보를 소화할 수 있게 한다는 것을 지적하고 있다. 이에 따라 학습자들은 본인이 학습속도를 조절할 수 있으며, 더욱이 한정된 시·공간이 아닌 자유로운 시간과 공간에서 학습을 함으로써 시간과 비용 면에서 상당한 절감을 가져올 수 있다고 주장하고 있다. 이상의 내용을 근거하여 집합교육과 원격교육을 비교하면 〈표 Ⅱ-1-1〉과 같다.

〈표 Ⅱ-1-1〉 집합교육과 원격교육의 특징 비교

구 분	집합교육	원격교육
개념	·교육 형태적 개념	·교육형태 및 내용적 개념 (원격교육 포함)
공간	·물리적 교육 공간 존재	·장소 완전 개방
시간	·시간적 제약	·시간적 제약 극복
수요자	·등록된 학생(제한적)	·등록된 학생(개방적, 모든 사람)
공급자	·해당 교육기관	·국내외 모든 교육기관과 연계
공급자-수요자관계	·단방향성, 제한적 쌍방향성	·쌍방향
교육내용	·공급자 중심, 제한적	·수요자 중심, 개방성, 다양성
교수의 역할	·지식의 전달자	·안내자, 촉진자
지식에 대한 관점	·학습자에 대한 지식구성	·학습자와 지식 공유

자료: 한국방송대학교(2004). 원격교육활용론. p.9.

이런 원격교육에서 학습이 이루어지기 위한 일반적인 특징들을 정리하면 다음과 같다.

첫째, 원격교육은 수업과정에서 교수자와 학습자들이 분리되어 있다. 이러한 분리는 일반적으로 물리적 분리를 의미하며, 때에 따라서는 시간적 분리를 의미하기도 한다. 화상회의 시스템, 상호작용적 TV, 오디오 회의 등과 같은 테크놀로지를 사용한 실시간 교육에서는 물리적 분리를 해결할

수 있고, 원하는 시간에 원하는 장소에서 학습이 일어날 수 있도록 지원한
다는 측면에서 시간적 분리도 원격교육의 중요 요인으로 간주하기도 한다.

둘째, 원격교육은 교수자와 학습자들의 상호작용을 지원하기 위한 교수-
학습 매체에 많이 의존하고 있다. 원격교육에서 교육내용의 전달뿐만 아니
라 교수자와 학습자간, 학습자와 학습자간, 그리고 학습자와 콘텐츠 간의 상
호작용을 위해서는 물리적 제약을 극복하기 위한 다양한 형태의 수업매체가
사용되고 있다. 원격교육의 가장 큰 문제점 중 하나는 전통적인 면대면 수업
만큼이나 원격교육이 효율적인 상호작용을 제공할 수 있느냐하는 것이다.
이러한 문제는 테크놀로지의 발달과 보다 체계적인 교수설계를 통해서 해결
될 수 있을 것이다.

셋째, 원격교육은 학습자 중심의 교육이 이루어진다는 것이다. 그러나
우리나라 e-러닝 정책은 공급자 위주의 정책을 펼쳐 e-러닝의 최종 수혜
자인 학습자에 대한 요구를 수용하지 못하는 것으로 나타났다(이희수외,
2005). 원격교육이 학습자들 간이나 학습자와 교수자 간의 상호작용과 협
동학습을 촉진하기는 하지만 대부분의 학습상황은 혼자서 하는 독립적 학
습상황이 대부분이다. 또한, 학습자 스스로 학습방법을 결정하고 실행해
나가야 하는 학습통제권이 학습자에게 많이 주어진 상황이다(Moore &
Kearsley, 1996). 이러한 상황에서 학습자의 요구를 수용할 수 있는 것
이 원격교육의 중요한 성공 요소가 되고 있다.

넷째, 일반교육과 마찬가지로 원격교육은 학습활동을 계획하고 실행하는
교육조직체에 의해서 그 효과가 영향을 받는다는 것이다. 이것은 원격교육
역시 하나의 형식적 교육으로써 교육 조직체에 의해서 설계, 개발, 실행,
평가가 이루어진다는 것이다. 따라서 원격교육을 제공하는 교육 조직체가
학습을 제공하기 위한 이러한 과정들을 얼마나 체계적으로 잘 운영하느냐
에 따라 원격교육의 승패가 결정된다.

다섯째, 원격교육은 면대면 수업과는 다른 형태의 인프라, 교수설계, 활
동, 실행, 평가의 전략을 필요로 한다는 것이다. 따라서 물리적 건물이 아

닌 사이버 공간 중심, 면대면 일대일 혹은 일대다(one-to-many)의 의사소통이 아닌 다대다(many-to-many)의 의사소통을 포함한 다양한 형태의 의사소통, 교수자 중심이 아닌 학습자 중심, 강의 중심이 아닌 성찰과 협력학습 중심, 종이와 연필 중심의 평가가 아닌 수행 중심의 실제적 평가로의 전반적인 변화를 요구하고 있다(김영환외, 2003).

다. 원격교육을 통한 성인학습의 유용성

원격교육은 평생교육의 도입과 발전을 위한 하나의 수단으로 이해할 수 있다. 많은 나라에서 원격교육은 고등교육의 기회를 확대하였고, 성인들에게 계속교육과 재교육을 제공하여 평생학습 사회의 실현에 크게 기여하고 있다. 모든 사회 구성원들에게 시·공간 제한 없이 사회현장에서 바로 새로운 지식과 정보를 얻고 자기개발을 할 수 있도록 실질적인 평생학습 실천의 기회를 제공하고 있다. 원격교육의 유용성을 성인 학습자의 특성과 연결하여 설명하면 다음과 같다.

첫째, 원격교육은 시·공간을 초월하여 제공되기 때문에 출석 수업이 용이하지 않은 대상자들에게 더 적합한 교육체제라고 볼 수 있다. 성인 학습자는 하루의 대부분을 자신의 직무에 투자하고, 나머지 시간 동안 평생교육에 참여하는 사람들이다. 따라서 특정한 시간대에 일정한 장소에 참석하는 것을 전제로 하는 출석 중심의 학습은 성인들의 참여를 낮추는 결과를 가져오며(정인성외, 1999b), 진정한 의미의 평생교육이라고 보기 어렵다. 따라서 원격 성인학습은 시간과 공간에 구애받지 않고, 배우고자 하는 모든 사람들에게 학습의 기회를 제공하여 실질적인 평생학습의 기회를 제공한다.

둘째, 학위중심의 대학교육 학습자들은 교육을 도구적 수단으로 생각하지만 성인 학습자들은 실제 사회에서 경험한 문제 상황을 해결하기 위해서 교육 프로그램에 참여하게 된다(Hanna & Robert, 1993). 원격교육 환경은 다양한 경험을 가진 사람들 간의 상호작용을 가능하게 해주기 때문에 동료 학습자들과의 대화와 지식 교류를 통해 문제해결을 위한 새로운 지식을 창출하는데 기여할 수 있다. 또한, 성인 학습자들은 자신의 경험이나 관심과 관련성 있는 학습을 원하며, 배운 것을 현업에 돌아가서 바로 적용하기를 원하는데, 원격교육 환경은 실제적 학습(authentic learning)을 가능하게 해 주는 특성이 있다.

셋째, 성인 학습자들은 자발적으로 학습에 참여하는 만큼 다른 학습자들보다 더욱 적극적인 성향을 갖고 있는데, 원격교육에서는 학습자가 적극적이고 능동적인 자세를 가져야만 학습의 효과를 극대화할 수 있다. 이런 측면에서 볼 때 능동적인 학습을 가능하게 하는 원격교육 체제는 성인 학습자에게 더 적합한 형태임을 알 수 있다(정민승, 2002). 성인 학습자들은 다양한 경험으로 사물이나 사건을 바라보는 관점과 학습내용을 받아들이는 정도와 방식이 다르기 때문에 일방적인 학습내용의 주입보다는 다양한 정보원을 활용한 학습, 사회적 상호작용과 협동을 통한 학습, 교수자의 적절한 조언을 바탕으로 하는 원격교육 형태가 성인 학습자들의 학습 효과를 증진시키게 될 것이다.

따라서 원격교육 환경은 직장과 가정을 영위하면서 동시에 자신의 전문성 제고를 위해 학습에 참여하는 일반인들에게 평생교육이나 재교육 차원의 프로그램을 제공할 때 학습의 효과를 극대화할 수 있다고 볼 수 있다.

라. 원격교육을 통한 교원연수의 필요성

최근 교원의 전문성 제고를 위하여 교원연수의 수요는 폭발적으로 증가하고 있으나 그에 대한 양질의 교원연수 공급은 부족한 상황이다. 이에 대한 해소 방안은 여러 가지가 있겠지만 사회발전의 추세로 보아 정보화 기기를 활용하는 방안이 효율적인 대안 중 하나라고 볼 수 있다.

백영균(1999)은 원격교육을 교원연수에 도입해야 하는 필요성에 대해 다음과 같이 정리하였다.

첫째, 원격교육은 교원연수 체제의 주요방법으로 도입되어야 하는 현실적 필요가 있다. 현행 교원연수 체제로는 교원연수에 대한 수요에 적절하게 대응할 수 없다. 교원연수 제도의 개선으로 교원들이 원하는 수많은 교원연수 프로그램을 다양하게 동시에 제공하여야 한다. 이러한 수많은 프로그램을 출석수업 체제로 운영할 때 그 경비를 감당하기 어려울 뿐만 아니라 학생지도 결손 사태가 심각히 우려된다.

둘째, 원격교육은 자유 민주사회에서의 교육의 이념을 실현할 수 있는 장점을 지니고 있다. 학습의 기회를 얻고자 하는 많은 교원들의 욕구와 필요에 부응하여 자기 주도적 학습이 가능할 수 있도록 해 준다. 교원연수를 원격연수로 전환하면, 교원 스스로가 자율적으로 참여하는 연수 제도가 정착되고, 교원들 자신이 강제된 학습활동에서 벗어나 자율적인 학습과정에 참여할 수 있어 보다 폭 넓은 학습활동의 전개가 가능하다.

셋째, 원격교육은 학생들을 대상으로 한 교육활동에서 재활용으로 나타날 수 있는 전이 효과를 기대할 수 있다. 교원연수 후에는 학교현장에서의 적용효과를 알 수 없었으나 원격교육을 교원연수에 정착시켰을 경우에는 교원이 학습하는 과정에서 취득한 연수 내용과 관련 자료를 그대로 학생지도 과정에서 활용·재생시킬 수 있기에 전이효과가 매우 높다.

아울러 김용외(2005)는 원격교육 연수의 필요성과 중요성에 대해 다음과 같이 역설하였다.

첫째, 오프라인(off-line)과는 달리 시간적 제약을 받지 않고 시행착오 등의 물리적 변인이 없으므로 정해진 내용을 모두 진행할 수 있고, 몇 번의 반복을 거쳐 정제된 내용을 싣게 됨으로써 그만큼 완성도가 높은 연수 프로그램을 만들 수 있다.

둘째, 이론적 근거를 제시하거나 보다 많은 사례들을 제시함으로써 연수 내용에 대한 이해를 돕고, 체계적인 내용의 접근이 가능하다.

셋째, 시간적·공간적 제약성이 없어서 언제 어디서든 연수가 가능하며, 연수생들의 편리성을 도모하는 장점이 있다. 따라서 연수생들은 내용이 충실하고 실제적인 내용을 담은 연수라면 또 그것이 연수생들의 기대에 부응하기만 한다면 양에 관여치 않고 연수에 참여할 것이며, 그 연수내용은 교실현장에 바로 적용될 수 있을 것이다.

교원 원격연수는 21세기 지식 정보화 사회에 대비한 교원의 전문성 제고와 정보화 시대를 대비한 교원들의 정보화 마인드 함양을 위해서, 연수기회 확대 및 연수기관의 연수비용 절감을 위해서, 연수생들의 경비 절감 및 교통 수요 발생의 억제에 일익을 하기 위해서, 교원 스스로가 자율적으로 참여하는 연수제도의 정착을 위해서 필요하다.

마. 교원 원격교육 현황 및 특징

우리나라는 1995년 제1차 교육개혁 방안으로 원격연수의 도입을 추진하게 되었고, 이후 1995년부터 2년간 원격교육에 대한 정책과제를 수행하였으며, 2000년에 관련 법령(교원 등의 연수에 관한 규정)을 마련하였다. 교원 원격교육에 대한 현황 및 특징은 원격연수의 운영실적, 원격연수기관, 원격연수 교육과정의 유형, 교원 정보화 연수실적, 교원 원격연수 운영실태 등으로 나누어 살펴보았다.

1) 교원 원격연수 인원현황

교원 원격교육을 위한 원격교육 연수원의 선정은 2000년 12월에 이루어졌고, 본격적인 연수운영은 2001년부터 진행되었다. 교원 원격연수를 받은 교사의 수는 점차 증가하고 있으며, 전체 교원의 연수 중 원격연수가 차지하는 비중도 점차 증가하고 있다. 시·도교육청 원격연수원의 경우

2002년에 연수 인원이 감소한 것은 일부 시·도교육청 원격연수원에서 2001년에 특정 교육과정을 집중적으로 운영함으로써 비롯된 현상이다.

그리고 2004년에는 시·도교육청 원격연수원에서 연수 인원이 대폭 감소한 것으로 나타나고 있으나 이는 대부분 연수과정에 원격교육을 접목하여 진행하고 있음에도 불구하고, 일부 시·도에서 교육 과정 전부를 원격교육 연수로만 이루어지는 경우를 보고한 것에서 비롯된 것이다. 이에 민간단체 원격연수원의 경우는 시·도교육청 원격연수원에서 제공하지 않은 다양한 교육과정을 개발·운영함으로써 꾸준히 연수 인원을 확보한 것으로 보인다(〈표 Ⅱ-1-2〉 참조).

〈표 Ⅱ-1-2〉 원격연수 운영실적

(단위: 명, %)

연 도	원격연수실적				전체교원 연수실적	전체연수 실적대비
	시·도교육청	대학부설	민간단체	계		
2001	22,358	6,459	18,016	46,833	310,531	15.1
2002	14,867	5,227	34,143	54,237	266,405	20.4
2003	42,493	1,806	46,911	91,210	270,478	30.2
2004	20,138	1,040	58,315	79,493	·	·
합 계	79,718	13,494	99,070	192,280	847,414	20.2

주1) 교원 연수기관에서 출석연수의 보조 수단으로 활용된 원격연수는 제외한 수치임.
주2) 2004년 전체 교원연수 실적은 검토되지 않았음.
자료: 교육인적자원부·한국교육학술정보원(2005). 교육정보화백서.

2) 교원 원격연수기관 현황

원격교육 연수원은 새로이 설립한 연수기관이기보다는 기존의 교원 연수기관에 원격연수 방법을 추가한 것으로 볼 수 있다. 즉, 시·도교육청 원격연수원의 경우에는 기존의 교원 연수를 담당하고 있던 교원 연수원, 과학 교육원, 정보원 등을 원격교육 연수원으로 선정하여 운영하고 있으며, 2005년 인천과 제주를 제외한 전국의 시·도 교육청에서 원격교원 연수를 진행하고 있다.

대학의 경우는 기존의 초·중등교육 연수원에서 원격교원 연수를 담당하고 있으나 여건이 충분하지 못하고, 연수 운영의 어려움 등으로 인해 연수기관의 수가 증가하지 못하고 있다. 민간단체 원격연수원의 경우는 기존의 기업체 연수나 일반인을 대상으로 하는 교육훈련 등을 운영하던 기관에서 대부분 원격 교원연수를 운영하고 있으며, 연수기관의 수가 대폭적으로 증가하였다.

<표 Ⅱ-1-3> 원격교육 연수기관 현황

(단위: 개)

연 도	연수기관				계
	시·도교육청	대학부설	민간단체	공공기관	
2001	12	17	10	-	39
2002	15	18	17	-	50
2003	17	17	18	1	53
2004	17	17	18	4	56
2005	17	16	19	4	56

주) 연도별 연수기관 수는 누적된 수치임.
자료: 교육인적자원부·한국교육학술정보원(2005). 교육정보화백서.

3) 교원 원격연수 교육과정의 유형

2005년 현재 56개 원격교육 연수원에서 개설 운영 중인 연수과정의 수는 총 468개이다. 이 가운데 정보화 원격교육 관련 과정수가 247개로 53%를 차지하며, 다음으로 일반교양 및 교수-학습방법 관련 직무연수가 65개로 40.6%를 차지하고 있다. 〈표 Ⅱ-1-4〉에서 보는 바와 같이 원격교육과정의 수가 대폭 증가하였으며, 연수과정의 분야 또한 다양화되었다.

<표 II-1-4> 원격교육 연수원 교육과정 개설 현황

(단위: 과정)

주 관	정보화	교과교육	인성교육	교육과정	어학	교육학	자격	기타	계
시·도교육청	63	26	2	31	2	-	-	-	124
대학부설	46	23	8	-	11	21	8	3	120
민간단체	138	6	51	-	5	6	-	18	224
합 계	247	55	61	31	18	27	8	21	468

자료: 교육인적자원부·한국교육학술정보원(2005). 교육정보화백서.

4) 교원 정보화 연수실적

교원 정보화 연수는 정보통신기술(ICT) 환경의 급속한 발전에 따라 지속적으로 변화되어 왔다. 1997년 교육인적자원부는 교원의 정보활용능력을 획기적으로 신장시키기 위하여 '교원 정보활용능력 활성화 계획'을 수립하고, 제1단계 교원 정보화 연수계획을 반영하였다. 1997년부터 2000년까지 총 33만 9,635명(1인당 평균 1.0회)의 교사가 정보화 연수를 받았으며, 2001년부터 2003년까지 총 38만 8,149명(1인당 평균 1.1회)의 교원이 정보화 연수를 받았다. 1988년 이후 2003년까지 학교급별 교원 정보화 연수실적은 〈표 II-1-5〉와 같다.

<표 Ⅱ-1-5> 교원 정보화 연수실적

(단위: 명)

구 분	초등학교	중학교	고등학교	특수학교	전문직	합 계
1988	11,592	4,315	2,135	-	-	18,042
1989	11,394	3,640	3,579	-	-	18,613
1990	19,404	5,780	3,920	-	-	29,104
1991	15,356	3,993	2,617	-	-	21,966
1992	16,575	6,710	4,475	-	-	27,760
1993	16,214	7,086	5,795	-	-	29,095
1994	19,777	9,733	8,646	-	-	38,156
1995	20,980	9,614	8,127	-	-	38,721
1996	18,985	11,829	11,099	-	-	41,913
1997	26,995	17,380	11,536	-	-	55,911
1998	32,966	22,652	15,953	-	-	71,571
1999	34,011	30,660	25,635	-	-	90,306
2000	49,494	38,253	34,100	-	-	121,847
2001	60,675	32,898	28,503	1,429	2,428	125,933
2002	68,043	42,192	34,503	1,732	5,227	151,697
2003	48,512	30,195	25,259	1,247	5,303	110,516
합 계	470,973	276,930	225,882	4,408	12,958	991,151

자료: 교육인적자원부·한국교육학술정보원(2004). 교육정보화백서.

5) 교원 원격연수 운영실태

교원 원격연수는 인터넷 및 멀티미디어 활용 강의와 화상 강의를 주된 수업방법으로 하고 있으며, 원격수업의 보조방법으로 출석 수업을 실시하고 있다. 수업 시간은 교직원 대상으로 1일 2시간 이내로 하며, 공휴일에도 연수가 가능하도록 하고 있다. 다만, 화상 강의의 경우에는 1일 5시간 이내로 실시할 수 있다.

교육공무원 대상 원격교육 연수과정은 평일에는 1강좌이며, 방학 동안에는 2강좌까지 가능하나 출석연수와 중복될 경우 1강좌만으로 연수를 제한

하고 있다. 이 때 원격연수와 집합연수의 중복 허용 범위로는 평일 강의일 경우에 원격연수와 집합연수의 중복을 허용하지 않는 것을 원칙으로 한다. 원격연수와 집합연수의 중복시 연수기간이 1/4이하인 경우에는 인정하며, 방학 중에는 원격연수와 집합연수를 포함한 2강좌의 중복을 허용하고 있다.

또한, 원격교육의 질을 높이고 중복투자 해소 및 경비절감을 위해 원격교육 연수원과 대학·산업체와 협의체를 구성하여 연계 프로그램 운영과 콘텐츠를 공동으로 개발하여 활용하고 있으며, 학습자의 학습 진행과 관련한 학습 진도 관리 기능, 출석관리 프로그램 등을 개발하여 연수운영에 이용하고 있다. 그리고 동점자 처리 기준, 수강료 환불규정, 평가기준 등에 대하여 연수생들이 충분한 정보를 제공받을 수 있도록 인터넷 홈페이지, 전자우편 등을 통하여 연수생들에게 안내하고 있다.

가) 원격연수 운영체제

원격연수의 교육과정 운영 체제는 기관에 따라 약간의 차이가 있지만, 일반적인 원격연수 운영방식은 〔그림 Ⅱ-1-2〕와 같다.

〔그림 Ⅱ-1-2〕 원격연수 운영체제

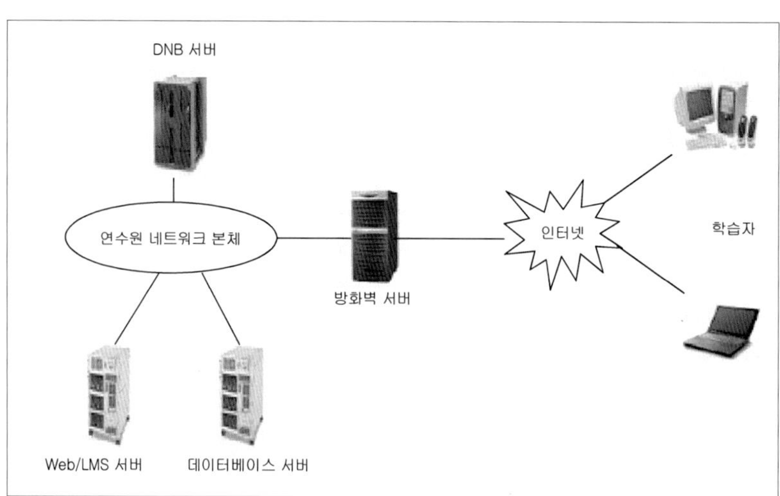

나) 평가방법

원격연수의 학업성취도 평가는 강의접속(참여도), 과제물, 토론, 질의응답, 온라인 시험 등 온라인 평가와 출석평가를 통하여 이뤄지는데, 각 단원의 학습 시에는 형성평가 등을 운영한다. 연수원마다 평가방법에 다소 차이가 있지만 일반적인 평가방법은 〈표 Ⅱ-1-6〉와 같다.

<표 Ⅱ-1-6> 원격교육 평가방법

평가방법	배 점	내 용	비 고
출석(진도율)	10점	·강의실 진도율 체크함	출석률 70%미만은 미수료로 처리
과제	20점	·연수기간 중 1-2회 실시 - 제시된 기간내 제출	
온라인시험	10점	·학습 성취도 평가 - 연수기간 중 1-2회 실시 - 응시기간 내에 답안 제출	
출석시험	60점	·학습 성취도 평가 - 연수기간 중 1회 실시	전국 지정 고사장에서 일제 실시
계	100점	60점 이상이면 수료 가능	

주) 2학점 과정은 수료여부만 판단하고 각 시·도교육청에 통보하며, 4학점 과정은 상대평가를 실시하여 연수성적까지 통보됨.
자료: 교육인적자원부(2005). 교원연수 운영방향.

30시간 이상의 연수는 반드시 출석평가 1회 이상을 실시하도록 하고, 60시간 이상의 직무연수는 교육인적자원부에서 제시하는 '연수성적분포 조견표'에 의한 상대평가를 실시해야 한다(〈표 Ⅱ-1-7〉 참조).

<표 Ⅱ-1-7> 연수성적분포 조견표

점 수	백분율	점 수	백분율	점 수	백분율
100	2%	93~94	6%	86~87	5%
99~100	2%	92~93	7%	85~86	4%
98~99	2%	91~92	8%	84~85	3%
97~98	3%	90~91	16%	83~84	3%
96~97	3%	89~90	8%	82~83	2%
95~96	4%	88~89	7%	81~82	2%
94~95	5%	87~88	6%	80~81	2%

주) 80~81은 80점 이상, 81점미만을 의미함.
자료: 교육인적자원부(2005). 교원연수 운영방향.

다) 교육과정 추가 및 변경

원격교육 연수원으로 선정된 후 추가로 강좌를 개설할 경우에는 콘텐츠 개발 전(최소 1개월 전)에 교육인적자원부의 승인을 받아 개설하여야 하며, 시·도교육청 원격연수원 및 국립대학 종합교육연수원, 교육행정연수원의 경우에는 같은 기간 내에 교육인적자원부에 보고하도록 하고 있다. 2003년 9월 이후 신규 콘텐츠에 대하여만 과정 개설을 승인하고 있다.

2. 성인 원격교육의 효과성

가. 원격교육 효과성

원격교육에서의 효과성은 기존의 면대면 수업에서의 학습 효과와 다른 형태로 평가되어 왔는데, 원격교육과 관련된 선행연구들에서 다루어진 학습 효과를 살펴보면 다음과 같다.

Harrison(1991)은 사이버 교육에서 효과를 학습의 측면에 부가하여 교육의 접근성, 교육적 정보유용성, 비용효과, 교사들의 노동량의 정도, 새로운 경험에의 노출, 새로운 학습 환경(협력학습/팀체제/전자학습 사회) 구축 등을 포함하는 광의의 개념으로 규정하였다. Gentemann와 Green(2000)은 온라인 강좌 대 면대면 수업 비교 평가에서 효과성 지표로서 실제적인 운영과정 전반에 대한 참여 학습자들의 인식을 종합적으로 평가하고 있다. Robinson(1997)은 교원 원격연수의 효과 요인으로 학습체제의 운영, 교원연수 프로그램이 그 목적을 달성하는지의 여부, 비용-효과적인가의 3가지 준거로 보았다.

김유진(1998)은 웹기반 가상연수의 교육효과 요인으로 학습 효과(관련 지식 습득, 업무에 활용, 관련능력 개발), 프로그램 만족도(전반적인 만족도, 평가의 타당도, 보충학습 자료의 유용성, 화면구성, 담당자 지원, 프로그램 사용법, 등록절차), 인터넷 사용능력(정보검색, 사용능력, 이메일 사용, 자료게시, 자기주도 학습), 인터넷에 대한 태도(흥미, 가치, 가치관, 불안), 웹기반 가상연수에 대한 태도(자신감, 유용성), 학업성취도(여신법률 사례) 등을 들었다.

정인성(1999)은 웹기반 가상수업 평가모형 및 도구개발에서 교육 효과의 인식 정도(수강 교과목의 충분한 기본지식 습득, 배운 지식의 실제업무에의 적용 가능성, 정신적인 성장에 유익한 정도), 강좌만족도(수강 교과의 전반적인 만족도, 타인에 대한 수강권유), 일반적인 정보소통 능력 신장에 대한 인식 정도(정보수집능력 향상, 정보분석 능력 향상, 자습하는 요령 및 기술향상, 인터넷 활용능력 향상), 컴퓨터 매개 통신에 대한 긍정적인 태도(네트워크 활용학습에 대한 긍정적인 태도 형성, 네트워크를 통한 상호작용에 자신감)등을 들었다. 그리고 정인성·임정훈(2000)은 웹기반 가상수업의 효과성 지표로 강좌 성공율, 졸업율, 학업성취도, 서비스 만족도, 상호작용의 양과 질로 구분하였다.

서혜전(2001)은 웹기반 학습 효과 연구에서 효과 요인을 학습참여도(총 학습시간, 미달횟수, 로그횟수 등), 학업만족도(학습자들이 인식한 웹기반 평생교육 효과에 대한 만족도, 전반적인 만족도, 웹기반 수업 자체에 대한 만족도, 일반적 정보소통능력 신장에 대한 만족도), 학업성취도(온라인 퀴즈점수, 기말고사 점수) 등으로 분류하였다. 정해용·김상훈(2002)은 원격교육 효과의 주관적 지표를 효과인식도와 교육만족도로 구분하고 있는데, 효과인식도는 업무에 실질적 활용, 업무지식 습득에 도움, 컴퓨터활용능력 향상에 대한 인식으로 측정하였으며, 교육만족도는 전반적 교육과정에서의 만족, 동료에게 권유, 향후 사이버 교육에 참가 등으로 측정하였다.

Phillips(1997)와 Kirkpatrik(1998)의 평가모형은 주로 기업교육에서 오프라인 교육 및 훈련에 대한 전형적인 평가모델로 제시되었으며, e-러닝에서도 전반적인 성과 측정을 위한 기본적인 개념 틀을 제시해 주고 있다. 남수경(2003)은 교원 원격교육 효과성을 측정하기 위해 제1수준에서 만족도, 유용성을, 제2수준에서 필답고사 시험 성적, 연수 동기에 대한 달성 정도를, 제3수준에서 학교 현장적용도를 조사하였다.

이상의 연구에서 원격교육의 효과성은 크게 네 가지 형태로 구분할 수 있다. 첫째, 강좌 이수율에 해당하는 학습참여도, 둘째, 실질적인 원격교육 운영과정 전반에 대한 평가, 셋째, 원격교육을 통해 학습자가 느끼는 만족도, 학업성취도, 인식 정도, 셋째, 원격교육을 통해 학습한 내용의 매체 활용능력 향상과 현장적용도, 넷째, 구체적인 학습목표 달성 정도, 연수동기에 대한 달성정도 및 연수성적 등으로 정리할 수 있다.

<표 Ⅱ-2-1> 원격교육의 효과성에 대한 연구동향

연구자	효과성 지표
Harrison (1991)	- 교육의 접근성 - 교육적 정보 유용성, 비용효과 - 교사들의 노동량의 정도 - 새로운 경험에의 노출, 새로운 학습 환경
Gentemann & Green (2000)	- 사회적·학문적 상호작용의 중요성 - 매체의 사용시간 및 용도 - 매체 활용능력의 향상 - 수업에 대한 기대 - 기술에 대한 염려 - 효과적인 교수-학습원칙의 적용 - 의사소통 방식 - 학습활동에 투자하는 시간 - 강좌의 수익에 대한 인식 - 학문적 성과: 강좌 평균점수, 이수율
Robinson (1997)	- 학습체제의 운영 - 교원연수 프로그램의 목적 달성 - 비용-효과
김유진 (1998)	- 프로그램 만족도 - 학습 효과 - 인터넷 활용효과 - 학업성취도
정인성 (1999)	- 교육효과의 인식 정도 - 강좌만족도 - 일반적인 정보소통능력 신장에 대한 인식 정도 - 컴퓨터 매개 통신에 대한 긍정적인 태도
정인성·인정훈 (2000)	- 강좌성공율 - 졸업율 - 학업성취 - 서비스 만족도 - 상호작용의 양과 질
서혜전 (2001)	- 학습참여도 - 학습만족도 - 학업성취도
정해용·김상훈 (2002)	- 교육만족도 - 학습성취도
Phillips(1997): Kirkpatrik(1998)	- 1단계-학습자만족도: e-러닝에 대한 학습자의 만족도 조사 - 2단계-학업성취도: e-러닝 후의 학습자의 학업성취도 측정 - 3단계-현업적용도: e-러닝 후 현업 또는 실생활에 활용 - 4단계-조직에의 기여도: e-러닝의 조직에의 기여도 조사 - 5단계-비용효과 분석: e-러닝의 투자대비 비용효과성 조사
남수경 (2003)	- 제1수준: 학습만족도, 학습유용성 - 제2수준: 학습 결과(시험성적 및 연수 동기에 대한 달성 정도) - 제3수준: 학교현장 적용

나. 원격교육 효과성의 평가 지표

이상의 선행연구를 분석해 볼 때, 원격교육의 구체적인 효과성 항목은 학습참여도, 학습만족도, 학업성취도, 원격교육후 활용능력 및 현장적용도, 학습결과(연수 동기에 대한 달성 정도 및 시험성적)등으로 요약할 수 있다.

이 연구에서도 선행연구의 평가준거를 토대로 학업성취도에 해당하는 정보화 원격교육의 효과성 영역을 정보기술활용능력 향상 정도, 원격교육후 활용능력 및 현장적용도에 해당하는 영역은 정보기술을 통한 학교 현장에서 학교업무나 교수-학습에 적용하는 정도, 그리고 원격교육 학습결과를 통해 교원연수 프로그램의 목적 달성 정도, 자신의 연수성적과 전문성 향상에 해당하는 정보화 원격교육의 효과성 영역을 자기개발과 성취감에 대한 평가인 자기개발기여도로 설정하였다. 그리고 이 연구에서는 학습참여도를 원격교육 효과성에 영향을 미치는 매개요인으로 설정하였다.

정보기술활용능력 향상은 정보화 원격교육의 일차적인 목표로서 어느 정도 정보기술을 습득했는가를 파악하고자 하였고, 현장적용도를 통해서는 습득된 정보기술을 학교현장의 업무나 교수-학습에 얼마나 효율적으로 적용하였는가를 파악하고자 하였으며, 자기개발기여도를 통해서는 교사들의 평생교육 차원에서 자신의 목적 달성 정도, 전문성 향상, 배움의 기쁨을 통해 자신의 삶의 질 향상에 얼마나 도움이 되었는가를 파악하고자 하였다.

1) 정보기술활용능력 향상

정보기술활용능력은 급격히 발전하는 정보사회에 불편이 없도록 컴퓨터를 효율적으로 이용하여 정보사회에서 능동적으로 대처해 나갈 수 있는 능력을 키우는 것이라 볼 수 있다.

Doyle(1992)는 정보기술활용능력을 정보의 필요성에 대해 인식할 수 있고, 정보에 접근할 줄 알고, 적합한 정보 소스를 찾을 줄 알고, 찾은 정보의 질을 평가할 수 있고, 정보를 조직할 수 있으며, 그 정보를 효과적으로 이용할 수 있는 능력이라고 하였다.

백영균(1995)은 정보소양의 개념을 학습자의 정보능력이라고 보고, 정보능력을 정보 이해력, 정보 선택력, 정보 비판력, 정보 수집력, 정보 처리력, 정보 생성력, 정보 전달력 등으로 보았다. 권성호(2000)는 정보기술활용능력을 문헌정보, 영상정보, 전자통신정보, 체험정보 등 각종 정보매체를 통한 정보의 접근, 분석, 적용, 평가능력을 의미한다고 정의하였다. 최유현외(2004)는 교원 정보활용능력 기준 영역으로 정보수집 영역, 정보분석·가공 영역, 정보윤리 및 보안 영역으로 구분하였다. 이런 정보기술활용능력은 교수-학습 활동에 있어 문제 해결학습, 프로젝트 학습, 상황학습, 협동학습 등 다양한 수업활동을 지원함으로써 교수-학습의 질적, 양적 향상이 이루어질 수 있다고 하였다(한국교육학술정보원, 2001).

따라서 이 연구에서 정보화 원격교육을 마친 후 정보 분석능력, 컴퓨터·인터넷 활용능력, 다양한 프로그램 실행능력, 습득된 정보의 기술 적용능력이 얼마나 향상되었는지를 파악하고자 하였다.

2) 현장적용도

현장적용도는 정보화 원격교육을 마치고, 학교로 돌아간 후 학교 현장에서 정보화 원격교육에서 배운 지식, 기능, 태도를 자신의 직무에 실제로 적용하는 정도에 대한 평가라고 할 수 있다. 남수경(2003)은 원격연수 제3수준의 효과성을 학교현장에서 수업현장 적용, 수업 중 애로사항 해결에 기여, 지도 학생들의 학업성취도 향상, 지도 학생들의 정서적 태도의 긍정적인 변화 등으로 구분하였다.

이 연구에서는 정보화 원격교육을 통해 습득한 정보화 능력이 학교현장에서 교수-학습 자료개발, 학생지도, 학교업무 처리, 교과상담, 학급운영 등에 어느 정도 적용되었는지를 파악하고자 하였다.

3) 자기개발기여도

자기개발기여도는 정보화 원격교육을 통해 느끼는 자기개발과 성취감에 대한 평가라고 할 수 있다. 자기개발은 자신의 어떤 소질이나 능력을 발견하고 개발하여 가능한 한 최대로 발휘하거나 실현하는 것이다. 따라서 자기개발은 개인이 더욱 훌륭한 존재가 되고자 하는 욕구 충족 과정이며, 자기 이상을 실현하고자 하는 과정이라 볼 수 있다.

Child(1977)는 인간의 욕구를 개인적 욕구, 사회적 욕구, 지적인 욕구로 보고 욕구 위계를 생리적 욕구, 안전에의 욕구, 애정 및 소속에의 욕구, 자기 존중에의 욕구, 자아실현의 욕구, 학습욕구로 구분하고 학습에 대한 욕구를 자아실현의 욕구보다 상위 단계로 보았다. 그리고 인간은 사회교육을 통해서 내적 만족감을 느끼며 자아에 대해 긍정적으로 생각하게 된다고 하였다. Maslow(1970)에 의하면, 자아실현은 자기의 내면적 핵심을 수용한다는 것으로 개인의 잠재적 능력 및 가능성을 실현하는 것을 의미한다고 하였다. 이는 인간이 실현할 수 있는 잠재적 가능성을 최대한으로 수용하고 실현하는 것이라 볼 수 있다.

Knowles(1989)는 평생 학습자로서 성인들의 욕구를 두 가지로 대별하여 보았다. 그는 인간의 욕구를 기본적 또는 생리적 욕구와 교육적 욕구로 구분하여 논의하면서 전자는 사람들이 공통 보편적으로 갖추어야 하는 생리학적, 유기체적 또는 심리적인 요건을 지칭하는 반면에 후자는 개개인이 속한 사회나 조직체의 이익을 위해서 배워야만 하겠다는 욕구를 의미하고 있으며, 이 욕구가 학습 동기가 된다고 보았다.

평생교육사 양성교육의 효과성을 분석한 전도근(2005)의 연구에 의하면, 직무능력개발 효과, 고용개선 효과, 자아실현 효과, 사회적 네트워크 구축효과 중 자아실현 효과가 가장 높게 나타났다. 자아실현 효과 중에서 배움의 기쁨이 가장 크고, 보람감, 자기개발의 도움, 성취감, 도전의식의 함양, 사회생활에 대한 자신감 향상, 삶의 질 향상 순으로 나타났다.

　이상의 논의와 연구 결과는 공통적으로 인간은 끊임없이 자기개발을 위하여 노력하고 있으며, 학습이 자기개발 욕구의 충족 수단으로 사용되고 있다는 것을 제시하고 있다.

　따라서 정보화 원격교육을 통하여 전문성 향상을 위한 자기개발 정도, 도전의식의 함양, 성취감, 끊임없이 목적을 실행하기 위한 배움의 기쁨, 원격연수를 보람감 등에 얼마나 기여했는가를 파악하고자 하였다.

3. 성인 원격교육의 효과성에 영향을 미치는 요인

　원격교육 효과성에 영향을 미치는 요인은 선행연구를 통해 주요 요인들을 추출한 후 교육의 객체인 학습자 요인과 교육의 주체인 원격 교육기관 요인으로 구분하였다.

가. 원격교육 효과성에 영향을 미치는 요인

　1980년대 후반 컴퓨터 매개통신(Computer Mediated Communication; CMC)체제가 교육현장에서 본격적으로 활용되고, 그 후 인터넷과 웹기술이 도입되면서 많은 연구들이 원격교육의 효과성에 영향을 미치는 요인들을 밝히고자 하였다.

　원격교육은 크게 인적 인프라, 물리적 인프라, 그리고 논리적 인프라로 구성된다고 볼 수 있다. 인적 인프라는 경영자, 교수자, 학생, 운영자로 구성되며, 물리적 인프라는 정보를 저장하고 공급해 주는 컴퓨터 시스템과 정보의 전달에 관련되는 네트워크로 이루어진다. 그리고 논리적 인프라는 학습내용, 운용 플랫폼 및 원격교육에 관련된 제반 소프트웨어를 의미한다. 이러한 구성요소를 두 가지 측면에서 분류해 보면 다음과 같다. 첫째, 학습정보를 제공하고, 학습활동을 제어하며 학적을 관리하는 정보 제공자 측면의 인프라이고, 다른 하나는 제공된 정보를 활용하여 수행하는 정보수혜자 측면의 인프라이다(이옥화외, 2002). 이와 같은 구성체제가 원격교육의 효과에 영향을 주는 요소라고 할 수 있는데, 구성체제의 각 요인들이 어떻게 원격교육의 효과에 영향을 미치는지 선행연구를 중심으로 살펴보면 다음과 같다.

Hiltz(1990)는 사이버 수업이 교육 효과에 영향을 미치는 요인에서 학습자 특성을 학습 통제력 정도, 태도, 선수학습으로, 물리적·환경적 특성을 코스의 특성, 전달체제의 유형 등으로 나누었다. 김기수외(2003)는 웹기반 원격교육 시스템의 학습 효과에 영향을 미치는 요인을 내용적 특성(내용의 타당성, 내용의 명확성), 전달적 특성(피드백의 제공정도, 통제방식의 적절성), 기술적 특성(시스템의 기술품질, 시스템의 지원정도) 등으로 분류하였다. 그리고 조은순(1999)은 사이버 교육의 교수-학습 효과를 높이기 위한 요인으로 학습자의 적극적인 학습활동, 상호작용, 수업진행 상황에 대한 자세한 안내 및 관리, 수업의 원활한 진행을 위한 시설과 기계적인 지원, 강의내용을 원격강의 형태에 맞도록 설계하는 것을 들었다.

정인성·최성희(1999)는 온라인 원격교육 효과에 영향을 미치는 요인을 학습자 요인(학습자가 가진 컴퓨터에 대한 사전 지식의 정도, 동기수준, 사전교육의 정도), 환경 요인(학습자가 컴퓨터 통신을 활용하고 대상이 되는 교육내용에 접근하는 것과 관련된 요인들로써 활용하는 컴퓨터와 컴퓨터 네트워크의 속도, 컴퓨터에의 접근 용이성, 주위의 심리적 지원하여 줌으로써 편안하게 활용할 수 있는 환경이 되는지 등과 관련된 요인), 설계 요인(학습 진행하는 것과 관련된 요인으로 내용의 조직, 내용 전개의 흥미성, 자료가 학습에 도움을 주는 정도, 화면구성, 상호작용의 정도), 결과 요인(온라인 강좌를 통한 학습의 정도, 태도의 변화 정도, 기타 의도하지 않았던 기능의 향상 정도) 등으로 분류하였다.

서혜전(2001)은 웹기반 원격교육 효과에 영향을 미치는 요인을 학습자 요인(자기조절학습전략, 인터넷활용능력, 내적통제 정도, 학습 동기, 사이버교육에 대한 인식, 사전지식 정도), 운영자 요인(교수적 역할, 사회적 역할, 관리적 역할), 교수설계 요인(상호작용, 동기유발, 인터페이스 사용, 편이성 및 적절성, 내용구성도), 지원환경 요인(물리적 환경, 심리적 지원 환경, 기술적 문제해결 지원)등으로 분류하였다. 그리고 임정훈·이항년(2003)은 웹기반 교육 효과에 영향을 미치는 요인을 학습자 배경 및 특성관련 요인, 교수－설계관련 요인, 웹기반 교육을 지원하는 환경적 요인, 인적자원(교수자, 운영자) 관련 요인, 학습내용 및 과제 요인 등으로 분류하였다.

정해용·김상훈(2002)은 원격교육 효과 요인에 관한 실증적 연구에서 원격교육 효과에 영향을 미치는 요인을 학습자 요인(학습능력 적정도, 학습자의 태도, 학습자의 인지적 흥미, 직업에서의 발전욕구), 환경 요인(물리적 지원정도, 심리적 지원정도), 교수－설계 요인(학습내용의 적정도), 성인 학습자의 특성을 고려한 자기주도 학습 준비도(학습에 대한 애착 정도, 학습도전에 대한 개방성, 학습에 대한 호기심)로 분류하였다.

Jung과 Rha(2000)는 온라인 교육 효과에 영향을 미치는 요인을 학습자 특성(자기 효능감, 내향성, 강박관념에서 벗어남), 교수설계 요인(수업구조의 융통성, 피드백, 효과적인 시각 표현, 내용에 관한 복합적인 제시), 사회적 요인(상호작용과 사회적 통합)등으로 나누었다.

이상의 선행연구는 원격교육 효과에 영향을 미치는 요인으로 학습자 개개인의 특성에 대한 요인, 학습자의 물리적·심리적 학습 환경에 대한 요인, 원격 교육기관의 전반적인 운영에 대한 요인, 원격 교육기관의 구체적인 교수－설계 요인, 학습내용 요인 등으로 분류할 수 있다.

<표 II-2-2> 원격교육의 효과성에 영향을 미치는 요인에 대한 연구

연구자	영향요인
Hiltz (1990)	- 학습자 특성(학습통제력, 태도, 선수학습) - 환경적 특성(코스 특성, 전달체제의 유형)
김기수외 (2003)	- 내용적 특성(내용의 타당성, 내용의 명확성) - 전달적 특성(피드백의 제공정도, 통제방식의 적절성) - 기술적 특성(시스템의 기술품질, 시스템의 지원정도)
조은순 (1999)	- 학습자의 학습활동, 상호작용 - 수업진행에 관한 안내, 시설
정인성·최성희 (1999)	- 학습자 요인(컴퓨터의 사전지식의 정도, 동기수준, 사전교육의 정도) - 환경 요인(컴퓨터와 컴퓨터 네트워크의 속도, 컴퓨터에의 접근 용이성, 심리적 지원) - 설계 요인(내용의 조직, 내용전개의 흥미성, 자료가 학습에 도움을 주는 정도, 화면구성, 상호작용의 정도) - 결과 요인(온라인 강좌를 통한 학습의 정도, 태도의 변화)
서혜전 (2001)	- 학습자 요인(자기조절학습전략, 인터넷활용능력, 내적통제 정도, 학습 동기, 사이버 교육에 대한 인식, 사전지식 정도) - 지원환경 요인(물리적 환경, 심리적 지원 환경, 기술적 문제해결 지원) - 운영자 요인(교수적 역할, 사회적 역할, 관리적 역할) - 교수설계 요인(상호작용, 동기유발, 인터페이스 사용, 내용구도)
임정훈·이항년 (2003)	- 학습자 배경 및 특성관련 요인 - 교수－설계관련 요인 - 웹기반 교육을 지원하는 환경적 요인 - 인적자원(교수자, 운영자) 관련 요인 - 학습내용 및 과제 요인
정해용·김상훈 (2002)	- 학습자 요인(학습능력 적정도, 인습자의 태도, 학습자의 인지적 흥미, 직업에서의 발전욕구) - 환경 요인(물리적 지원정도, 심리적 지원정도) - 교수－설계 요인(학습내용의 적정도) - 자기주도학습 준비도(학습에 대한 애착정도, 학습도전에 대한 개방성)
Jung & Rha (2000)	- 학습자 특성(자기 효능감, 내향성, 강박관념에서 벗어남) - 교수설계 요인(수업구조의 융통성, 피드백, 효과적 시각표현, 내용에 관한 복합적인 제시) - 사회적 요인(상호작용과 사회적 통합)

　　원격교육 효과에 영향을 미치는 요인은 구체적으로 학습자 요인, 학습환경 요인, 운영자 요인, 교수-설계 요인, 학습내용 요인 등으로 분류할 수 있으며, 이와 같은 요인들은 크게 학습자 개인적 요인과 원격 교육기관의 요인으로 분류할 수 있다. 따라서 이 연구에서는 학습자 수준9) 변인으로는 학습자 요인과 학습환경 요인을, 교육기관 수준10) 변인으로는 운영자 요인 과 교수-학습 설계에 관련된 프로그램 요인으로 분류하였다.

나. 원격교육 효과성에 영향을 미치는 요인의 분류 체계

1) 학습자 요인

가) 원격교육에서 성인 학습자의 특성

　　원격교육 과정 운영에서 교수자의 역할과 운영전략은 원격교육의 성인 학습자 특성에 대한 이해를 바탕으로 할 때 더욱 효과적일 수 있다(Simonson et al., 2003). 강의실수업과 원격수업 학습자들의 특성을 비교한 연구에서 원격수업 학습자가 강의실 수업 학습자에 비해 보다 지적·안정적·동조적·수동적이라고 하였다(정인성, 1999). 이때 교수자는 원격교육 상황에서 어떤 학습자들이 성공적인가를 이해할 경우에 실패가 예상되는 학습자들에게 보다 많은 관심을 보이는 등 원격교육 과정의 성공적인 운영을 위한 방안들을 세울 수 있다.

　　원격교육 학습자들이 어떤 특성을 보일 때 원격교육에서 성공할 수 있는가에 관한 많은 연구가 수행되어 왔다(Gibson, 1990; Dirr, 1991; Young, 2000; 유병민, 2001). 대체로 학습자의 동기로 표현되는 태도수준, 원격교육 경험수준, 교육수준, 그리고 학습양식에 의하여 원격교육에

---

9) 학습자 수준은 교원 정보화 원격연수를 이수한 교사를 의미한다.
10) 교육기관 수준은 교원 정보화 원격연수를 운영하는 연수원을 의미한다.

있어서 성공여부가 결정되는 것으로 나타났다. 먼저 원격교육 학습자들은 일반 면대면 교육 학습자들에 비하여 동기 수준이 높은 것으로 나타났다. 성인으로서 원격교육을 통해서라도 자신에게 필요한 교육 욕구를 달성하려는 측면에서 볼 때 일반 면대면 교육의 학습자들에 비하여 높은 학습 동기를 가지고 있다고 볼 수 있다. 그러나 이러한 높은 학습 동기에도 불구하고 다른 요인들 예컨대, 사전 원격교육 경험 여부, 교육적 배경 등이 충분하지 않을 때 원격교육에 대한 두려움 요소와 상승 작용을 일으키면서 원격교육에서 중도탈락하게 된다.

원격교육에서는 온라인 학습공간의 특성에 대한 이해 없이 원격교육이라는 학습방법을 통해 새로운 지식과 기술을 학습하고 있는 실정이다(유평준, 2002). 실제로 원격교육을 처음 경험한 학습자들은 애로사항으로 ① 온라인 학습방법에 익숙하지 않다는 점, ②자기주도적인 학습의 수행이 어렵다는 점, ③온라인 학습에 부담감이 가중된다는 점, ④집중력 저하 및 동기유발 요소가 부족하다는 점, ⑤협력학습이 어렵다는 점, ⑥학습자들이 사이버 공간에서 심리적 거리감 및 고립감을 느낀다는 점 등을 들고 있다.

<표 Ⅱ-2-3> 원격교육 수강시 학습자들의 애로사항

문제점	애로사항
온라인 학습방법에 익숙하지 않음	새로운 방식의 학습은 동기유발이 되었지만 학습을 지속하는데 기존 면대면/ 집합식 교육이 개인적으로 사용했던 기존 학습방법의 수정을 요구하였다. 결국 가상공간 속에서 자유로움을 느낄 수 있을 만큼 그 공간 속에 익숙하지 않았던 것이다.
자율적인 학습 수행의 어려움	e-learning에서의 어려운 점은 자기 자신과의 약속이다. 스스로 학습의 목표와 방법, 내용, 수행방법에 대해 계획을 세우고, 이 계획을 지키기 위해 성실히 노력해야 한다.
온라인 학습에의 부담감	회사에서 일을 하다가 집에 들어와서도 늘 머릿속에 학습에 대한 부담감이 떠나지 않았다. 주단위로 강의가 올라오는 바람에 진행 중인 학습에 대한 자료 찾기나 과제가 끝나지 못한 상태로 새로운 주를 맞이하는 것은 겁이 날 정도였다.
집중력 저하 및 동기유발 요소 저하	처음엔 메신저 등 여러 가지 커뮤니케이션 툴이 재미있고, 게시판에 글을 남기고 답을 받는 사소한 교환이 즐거워서 교실에 자주 들어왔지만 일상에 밀리고 이젠 더 이상 그런 사소한 기능들의 매력이 없어지면서 학습의 능률 및 열의가 떨어지게 되었다.
협력학습의 어려움	팀별로 활동하는 학습활동은 개인이 혼자 하는 과제와는 또 다른 부담감이 따른다. 우선 활발한 활동을 하는 학습자와 여러 사정으로 그렇지 못한 학습자가 있고, 진도의 보조가 제대로 맞지 않았고, 학습자의 직업, 나이, 라이프스타일 등 배경 변인이 매우 다양해서 학습활동을 조율하기가 어려웠다.
심리적 고립감 /거리감	학습활동에 많은 기여를 하고 싶었지만 온라인상에서의 만남이 있을 뿐이었다. 조금은 외로움이 느껴지기도 하였고, 팀 활동에 직접적인 도움을 못 주었다.

자료: 유평준(2002). e-learning 질 관리 방안. pp.94-95.

원격교육의 학습경험이 없는 성인 학습자들은 초기에 학습에 관한 많은 두려움을 가지게 된다(Moore & Kearsley, 1996). 처음으로 과제물을 제출하게 될 때 혹은 토론에 참여하게 될 때 이러한 두려움의 수준은 매우 높게 나타난다. 학습자의 높은 학습 동기 수준이 그대로 유지되기 위해서는 초기에 나타나는 학습자의 학습에 대한 두려움을 이해할 필요가 있다.

교수자는 학습자의 두려움이 실패나 실수를 피하려는 경향이나 위험을 피하려는 경향에서 나온다는 것을 이해하고, 학습에 있어서 초기 실수는 누구나 있는 것이며, 자연스러운 것이라는 점을 학습자들에게 설명할 필요가 있다. 교수자는 학습자의 성공적 학습을 위한 지원자라는 점을 학습 초기 단계에 여러 경로를 통하여 보여 주어야 한다.

Coggins(1998)에 의하면, 학습자의 학력 수준과 마지막 과목 이수 이후 경과 기간에 따라서 원격교육의 이수자와 비이수자 사이에 중요한 차이가 있음을 발견하였다. 학교를 졸업한 이후 시간이 길수록 원격교육 과정을 끝까지 이수하지 못하는 경향이 나타났다. 한편, 일반 교육에서 중간 혹은 상위의 지적 수준을 보여 주는 학습자들은 원격교육에서도 면대면 교육의 학습자와 동일한 혹은 그 이상의 학업성취 수준을 보여 주는 것으로 나타났다(Smith & Dunn, 1991).

나) 원격교육에서 고려해야 할 성인 학습자의 요인

원격교육의 효과성에 미치는 성인 학습자 요인들을 규명하기 위해 다양한 연구가 수행되어 왔다(Knowles, 1980; Brookfield, 1986, Fishman, 1997; 임정훈·이항년, 2003).

Knowles(1980)에 의하면, 성인 학습자들은 청소년들과는 달리 다양한 심리적인 조건을 가지고 있으며, 보다 독립적이고, 자기 주도적이며, 다양한 삶의 경험을 가지고 학습에 임하게 되는데 이들의 경험들은 교육상황에서 풍부한 학습자원이 될 수 있다고 하였다. Brookfield(1986)의 연구에 의하면, 성인 학습자들은 수업내용이 학습자의 경험이나 욕구와 관련되길 원하며, 현실 적용적인 학습 성향을 지니고 있어 배운 것을 현업에서 곧 활용하기를 원한다. 따라서 시간적인 여유가 그리 많지 않지만 자발적으로 참여하기 때문에 고도의 학습 동기를 가지고 있다.

Fishman(1997)은 CoVis(Learning Through Collaborative Visualization)라는 컴퓨터 매개통신을 활용한 학습에서 학습자의 컴퓨터 매개통신

의 사용에 영향을 미치는 학습자 관련 요인을 밝혀내고자 하였다. 학습자 관련 변인으로 성별, 부모의 교육수준, 테크놀로지 관련 기술과 경험, 커뮤니케이션에 대한 태도, 사회적 인식을 조사했는데, 그 결과 컴퓨터 매개통신에 대한 태도, 커뮤니케이션에 대한 태도가 학습자의 참여를 예측하는 변인으로 밝혀졌다. 특히 컴퓨터 사용능력과 사전 사용경험이 컴퓨터 매개통신을 활용한 학습에서 참여도에 영향을 미치는 중요한 요인인 것으로 밝혔다.

임정훈·이항년(2003)은 학습자 관련 요인(사전지식, 자기조절학습능력, 학습 동기 등 8가지 학습자 요인)을 분석한 결과, 학습참여도와 학습만족도를 예측하는 변인으로는 자기조절학습능력이, 학업성취도에 영향을 미치는 학습자 요인으로는 학습자의 내적 동기가 관련 요인인 것으로 분석하였다.

이와 같이 선행연구를 기반으로 이 연구에서는 원격교육에서 고려해야 할 학습자 요인으로서 학습자 개개인의 배경특성 요인, 원격교육의 학습동기와 내적통제에 대한 학업욕구 요인, 원격교육의 컴퓨터 사용능력에 대한 컴퓨터활용능력 요인, 원격교육의 자기주도적 학습에 대한 자기조절학습능력 요인을 포함시켰다.

(1) 학습자의 배경특성 요인

원격교육 효과는 개인 배경적인 요인인 성별, 연령, 직업, 교육수준 등에 따라 다르게 나타날 수 있다. 1980년대 컴퓨터 이용자에 연관된 논문들은 보편적으로 남성이 여성보다 컴퓨터에 대한 긍정적인 반응을 보이며 컴퓨터를 더욱 많이 이용하는 것으로 보고하였다. 컴퓨터 학습과 컴퓨터 이용능력, 컴퓨터에 대한 태도, 컴퓨터 이용경험, 컴퓨터 이용량, 웹 이용량 등에서 남성이 여성에 비해 컴퓨터와 웹에 대해 긍정적으로 나타났다(유병민, 2001). 그러나 원격교육과정 완수 정도의 경우에 여성이 남성에 비해 더 많이 완수하였다고 한다(Johnson, 2002). 연령에 있어서 Woodley와 Parlett(1983) 연구에서는 연령이 높을수록 학습지속율이 높았으나 Coggins(1988)의 연구에서 연령이 학습지속에 유의미한 영향을 주지 못하는 것으로 나타났다.

배성의(1995)는 평생교육 참여에 영향을 미치는 개인배경 변인으로서 성, 연령, 교육수준, 거주 지역, 본인과 배우자의 직업, 월 평균 가계소득, 가족의 생활 형태를 포함시켜 연구하였다. 그 결과 연령이 적을수록, 학력이 높을수록, 대도시 지역에 거주할수록, 직업지위가 높을수록, 소득수준이 높을수록, 미혼 및 가족의 구성수가 적을수록 평생교육의 참여 정도가 높은 것으로 나타났다. 윤정원(2003)은 웹기반 교원 원격연수 프로그램에 대한 평가에서 성별, 근무지, 교육경력에 따른 참여율 차이를 분석하였는데, 여자가 남자보다, 서울이 다른 지역보다, 11-15년의 교육경력 교원이 많이 참여한 것으로 나타났다. 이선순·이홍석(2005)의 연구에서는 원격교육에서 30-40대 가정주부가 가장 높은 학업성취도를 보인 것으로 나타났다.

이 연구에서는 학습자의 배경특성 요인인 성별, 연령, 근무하는 지역, 학교급, 직위, 교직경력, 학력, 원격연수 수강 강좌수 등에 따라 원격교육 효과에 어떤 차이가 있는지를 분석하였다.

(2) 학업욕구 요인

원격교육 학습자는 통제 환경에서 능동적으로 정보를 처리해 나가기 위해서 학습 동기와 학습을 지속적으로 유지해 나아갈 내적통제가 요구된다. 특히 성인 학습자들의 자아개념은 자기 주도적 성향을 가지기 때문에 학습자 스스로 동기를 지속적으로 유지시키며 학습과정을 통제·관리해 나가는 경향이 있다.

학습 동기는 학습목표를 달성하기 위해 행동을 일으키는 원동력이며, 학습을 지속하도록 자극하는 하나의 수단으로써 자학자습이 필요한 교육환경에서 더욱 중요한 요인으로 정의될 수 있다. 학습 동기가 높은 사람들은 동기가 상대적으로 낮은 학습자보다 더 열심히 과제를 수행하고 더 능동적으로 참여하는 것으로 나타나(김미량, 1998), 학습 동기와 학업성취는 밀접한 관련이 있음을 알 수 있었다. 학습에 대한 애착정도와 학습호기심이 높을수록 교육만족도가 높은 것으로 조사되었고(정해용·김상훈, 2002), 학습자의 학습 동기가 높을수록 학습 성과 및 전이성과가 높아진다고 하였으며(남기찬외, 2002), 성취동기가 학업성취도에 영향을 미치므로 성취동기를 강화할 수 있는 다양한 기법을 포함하는 웹기반 교수-학습 방법이 필요하다고 하였다(강운선, 1998). 김미량(2005)에 의하면 학습자 주도적 학습을 전제로 하는 e-learning 환경에서 학습자의 자발적인 학습참여 유도와 동기유발은 학습자의 학업성취 및 교육의 효과, 학습만족에 매우 중요한 요소라고 하였다.

원격교육에서 내적통제는 스스로 자신의 학습을 주도해 나가는 주체가 되어야 한다는 것이다. 성인학습에서의 학습 성공을 위해 내적통제는 중요한 변수이지만 많은 선행연구(Bruning 1992; Parker, 1994; Kathryn, 1997; 강숙희, 2003)에서 내적통제 소재자들이 신념, 동기, 학업 성취와 학습 참여에서 더 긍정적으로 나타난 것으로 보고되고 있다. 실제로 내적통제 소재를 가진 학습자들은 온라인 과정을 더 많이 선택할 뿐만 아니라 전통적인 수업보다 온라인 전달 수업을 선택하는 능력을 가지고 있다(Kathryn, 1997). 특히 Bruning(1992)은 내적통제 정도가 높을수록 환경을 스스로 통제할 수 있다고 믿는 경향이 높기 때문에 웹기반, 컴퓨터 통신 시스템과 같은 새로운 환경에서 수행을 증진시킬 수 있는 가능성과 기회가 많아서 컴퓨터 매개통신(CMC) 사용에 더 많은 자신감을 가지고 있음을 밝히고 있다. 강숙희(2003)는 내적통제 수준이 높을수록 높은 학업성취도를 보인 것으로 나타났다. 그리고 서혜전(2001)은 학습 동기와 내적통제 정도가 학습 효과에 영향력이 큰 것으로 조사되었다.

이상의 연구를 요약하면, 원격교육에서는 스스로 학습을 자극하는 학습 동기와 학습을 지속적으로 유지하려는 내적통제가 요구된다. 이 연구에서도 학습 동기와 내적통제 정도가 원격교육 효과에 어떤 영향을 미치는지 분석하였다.

(3) 컴퓨터 활용능력요인

컴퓨터에 대한 태도는 컴퓨터의 활용에 영향을 미친다. 개인이 갖고 있는 선입견과 태도가 컴퓨터 통신의 사용에 직접적인 영향을 주는 것으로 밝혀지고 있는데, 컴퓨터 통신을 많이 사용하는 사람은 컴퓨터 통신을 사용하는 것이 도움이 된다는 것을 인지하고 있으며 계속해서 이를 많이 이용한다는 것이다(Bear et al., 1987).

원격교육에서 인터넷은 특정과제를 수행하는데 필요한 다양한 정보와 자료들을 동시에 제공하고, 이러한 풍부한 학습자원을 활용한 학습을 가능하게 한다. 성인 학습자들은 원격교육 매체를 사용하는데 숙달되지 않고, 기술적인 문제에 직면하게 되는 경우가 많기 때문에 인터넷과 웹 활용능력은 중요한 요소로 볼 수 있다. 컴퓨터와 인터넷 활용능력은 교실 학습에서의 언어능력과 마찬가지로 가상수업의 학습자에게 필수적인 능력이기 때문에 학습자가 이미 인터넷 활용능력과 학습관리 능력이 있는 경우 가상수업에서의 성공률이 높다(Wishart & Blease, 1999). 또한, 컴퓨터 하드웨어, 소프트웨어, 통신 시스템에 관한 지식을 갖고 있는 학습자는 컴퓨터 통신을 더욱 많이 이용한다는 결과도 보고되고 있다(정인성·최성희, 1999).

실제로 컴퓨터 하드웨어와 소프트웨어에 관한 지식이나 기술을 기본적으로 가지고 컴퓨터 통신·인터넷 등과 같은 네트워크 환경에서 다양한 응용 프로그램으로 원하는 작업을 수행할 수 있는 능력을 갖춘 학습자가 가상교육용 웹 사이트에 더 자주 접속하고 높은 참여도 점수를 획득하였다. 또한, 컴퓨터 하드웨어, 소프트웨어와 컴퓨터 통신시스템에 관해 지식 있는 학습자가 컴퓨터 통신을 더 많이 이용하였다(Grabowski, Suciati & Pusch, 1990). 허미화·염창선(2001) 연구에서도 컴퓨터 사용에 친숙할수록, 컴퓨터 통신능력이 뛰어날수록 학습 효과가 높은 것으로 나타났다.

이상의 연구를 종합해 볼 때, 컴퓨터 사용이 많을수록, 컴퓨터활용능력이 높을수록 학습 효과에 긍정적인 영향을 미치는 것으로 나타났다. 이 연구에서도 컴퓨터활용능력을 컴퓨터 사용에 대한 친숙성과 인터넷 활용능력으로 구분하여 이 두 요인이 학습 효과에 어떤 영향을 미치는지 분석하였다.

(4) 자기조절학습능력 요인

자기조절학습능력에 대한 기존의 선행연구들은 전통적 면대면 학습환경에서의 자기조절학습전략과 학업성취도와의 관련 연구(Zimmerman & Martinez, 1990; Schunk, 1996; 송인섭·박성윤, 2002)를 통해 자기조절 학습능력과 학업성취도와의 높은 관련성을 보고하고 있다.

e-러닝 학습공간은 학습자의 자기조절학습능력을 요구하며(Wulff, Hanor & Bulik, 2000; Gibbons, 2002), 자기조절학습능력은 인지적 요인(인지전략, 초인지전략 등), 동기적 요인(자아 효능감, 내·외적목표 등), 행동적 요인(도움구하기, 시간관리 등)을 포함하고 있다(Zimmerman, 1990; 강명희·김세은, 2002; 이인숙, 2003). 웹기반 원격교육 환경에서의 자기조절학습능력과 학업성취도, 학습만족도와의 관계성에 대한 연구 결과는 지속적으로 보고 되고 있다(강명희·김세은, 2002; 이인숙, 2002; 정남호외, 2003; 이인숙, 2003). 이인숙(2002)은 성인 학습자를 대상으로 e-러닝 학습전략과 학업성취도와의 관계를 연구한 결과, 자기 주도적 학습능력과 학업성취도와의 높은 상관관계를 제시하고 있다.

자기 주도적 학습은 학업성취 변량의 상당한 정도까지 설명할 수 있으며(Zimmerman & Martinez-Pons, 1986), 특히 컴퓨터 보조 수업이나 하이퍼텍스트 학습환경과 같은 학습자 통제환경에서 학습에 영향을 미치는 주요 변인이라는 것이 확인되었다(홍기칠, 1994). 또한, 서혜전(2001)은 원격교육에서 자기조절학습능력이 학업성취도에 중요한 요인으로 인식하였다.

이런 연구 결과로 볼 때, 원격교육에서 자기 주도적 학습은 무엇보다도 중요하다는 것을 볼 수 있다. 이 연구에서는 자기조절학습능력을 학습관리능력, 자학자습능력으로 구분하여 이 능력 요인이 원격교육의 효과에 어떤 영향을 미치는지 분석하였다.

2) 학습환경 요인

가) 원격교육에서 학습환경의 특징

원격교육에서 성인 학습자들은 교육에 자발적으로 참여하여 학습 동기가 높은 편이지만, 대부분 직업이나 가정을 가지고 교육에 참여하기 때문에 시간적인 여유가 그리 많지 않을 뿐 아니라 학습자 신분 외에도 일반 성인으로서의 역할을 수행해야 한다는 점 등으로 인해 학습에 있어서 여러 가지 어려움을 겪는다(정혜정, 2000). 이들은 사회적 환경 요인의 영향을 많이 받기 때문에 자아개념과 교육환경사이의 성공적인 연결에 의해 학습지속이 결정되며, 가정이나 직장에서의 업무수행과 학습을 성공적으로 융화시키고 통합하는 것이 원격교육 코스 완수에 결정적인 역할을 한다고 밝히고 있다(Kember, 1989).

성인 학습자는 다양한 배경과 환경을 가지고 있어 교육 자체에서 발생하는 문제보다 교육 외적인 환경 즉, 심리적지원 환경이 학습지속에 미치는 영향력이 더 크며, 자학자습을 해야 하는 원격교육 상황에서는 더욱 학습을 위한 주위 환경의 배려와 지원이 학습 효과에 영향을 미치고 있는 것으로 나타났다(박진형, 1999). 이러한 학습자의 개별적인 학습환경이나 지원 환경들은 상당히 다양하지만 학습자들의 지원 환경들을 파악하여 학습에 적극적으로 참여하고 학습을 지속할 수 있도록 몇 가지 구체적인 전략을 수립하여 제공할 필요가 있다.

첫째, 학습자들의 수강 환경을 사전에 파악하고 검토하여 개별적인 지원을 제공해야 한다. 원격교육 학습자들은 보통 가정이나 직장에서 수강하게 되는데, 이 같은 가상수업 수강 장소의 인프라가 가상수업에 지장이 없도록 구축되어 있는지, 웹에서 구현 가능한 다양한 멀티미디어 자료들을 전송받는데 충분한 통신망이 설치되어 있는지, 그러한 시설을 원하는 때에 언제라도 사용이 가능한지에 대해서 검토해 보고(정인성외, 1999a), 수강 환경이 제대로 구축되어 있지 않다고 판단되는 학습자에게는 학습이 효율적으로 이루질 수 있도록 다양한 지원 전략을 수립하여 적절한 대안을 제공해 줄 필요가 있다.

둘째, 학습자가 수강에 열중할 수 있는 심리적환경이 갖추어져 있는지 검토하고 수강진행 중에도 학습자의 가정이나 직장의 변화를 파악하여 학습에 적극적으로 참여하고 지속할 수 있도록 지원해야 한다. 학습 진행 중에 가정이나 직장에서 발생하는 변화와 그로 인한 스트레스 정도는 학습자와의 지속적인 커뮤니케이션과 학습 진도상황 체크를 통해 확인할 수 있으므로 상호간의 커뮤니케이션 활성화를 위한 방안을 수립해야 하며, 학습자의 진도상황을 체크할 수 있는 시스템이 마련될 필요가 있다.

셋째, 가상교육 활동이 무리 없이 진행되고, 정보 전달력이 활발할 수 있도록 통신 기반이나 가상교육 시스템이 안정되게 구축되어 있어야 한다. 가상교육 시스템의 불안정은 모든 학습활동을 어렵게 하며, 상호작용의 기회를 감소시키는 원인이 될 뿐 아니라, 콘텐츠 제작에 많은 제약을 가하게 되어 교실교육에 비해 정보 전달력이 열악해지는 것을 피할 수 없게 된다.

김소연(2000)은 학습자가 가상교육용 웹 사이트에 접속을 많이 할수록 학습참여도가 높아졌다고 밝히고 있는데, 이 결과는 참여도를 높이기 위해서 가상교육용 웹 사이트의 접속에 부정적인 영향을 미치는 접속 불량, 서버의 다운, 전송속도의 느림과 같은 문제점이 해결되고, 시스템 안정이 필수적으로 이루어져야 함을 암시해주고 있다.

이상의 선행연구에서는 학습자의 물리적 컴퓨터 환경과 학습자의 심리적 환경에 많은 영향을 받는 것으로 나타났다. 이 연구에서도 원격교육의 학습환경 요인을 학습자의 컴퓨터 상태와 관여하는 물리적환경 요인과 학습자의 심리적 상태와 관여하는 심리적환경 요인으로 구분하였다.

나) 원격교육에서 고려해야 할 학습환경 요인

(1) 물리적환경 요인

원격교육에서 물리적 학습환경은 가상강좌를 수강하기 위해 필요한 접속 상황과 컴퓨터 관련 물리적 여건을 말한다. 원격교육의 물리적환경에는 학습을 위해 주로 사용하는 컴퓨터 성능, 사이버 강의실 접속 여건, 언제든지 접근할 수 있는 가능성, 전송속도와 같은 안정성 등이 포함된다.

물리적 환경의 선행연구(Steinfield, 1986; Kaye, 1987; Grabowski et al., 1990)에서는 각 사용자가 집이나 사무실에 통신을 할 수 있는 자신의 컴퓨터 시스템을 갖고 있는 경우에 컴퓨터 통신을 더 많이 사용하며, 원하는 때에 언제든지 쉽게 이용할 수 있는 학습환경을 갖는 것이 온라인 원격교육의 효과를 높이는 하나의 주요 요인이 된다고 보고하면서 물리적 환경 요인이 원격교육 효과와 관련된 요인임을 지적하고 있다. 또한, Freeman(1997)에 의하면, 웹기반 가상수업의 학습자들은 서버의 잦은 고장, 모뎀 연결속도의 느림 등을 학습환경의 부정적인 측면으로 지적하였다. 전주성(1998)은 원격교육을 받고 있는 성인 학습자가 학습을 위한 개인 환경에 만족할수록 학문적 성취도나 만족도가 높을 뿐 아니라 교육 프로그램을 끝까지 이수할 가능성이 높다는 것을 보고하고 있다. 성능 좋은 컴퓨터와 모뎀 또는 LAN 등의 네트워크 환경이 학습 효과와 관련이 있으며(정인성, 1998), 어느 정도 빠른 속도와 기능을 가진 컴퓨터를 얼마만큼 자유로이 이용할 수 있는지의 여부는 가상수업 참여도에 영향을 미치는 것으로 나타났다(김은옥, 1998).

서혜전(2001)의 연구에서는 물리적환경 요인이 학습참여도와 학업성취도에 직·간접적으로 영향을 미치는 것으로 나타났고, 남기찬외(2002)의 연구에서는 온라인 학습공간의 사용이 편리할 때 학습 효과가 긍정적인 영향을 미치는 것으로 나타났으며, 김기수외(2003)는 웹기반 학습시스템의 기술적 품질이 학습 효과에 영향을 미친다고 하였다. 또한, 신창운(2003)

은 웹기반 교육 시스템을 구축할 때 사용의 편리성, 처리속도, 시스템 사용의 유용성이 학습 효과에 영향을 미치는 것으로 나타났다.

이와 같은 선행연구를 종합해 볼 때, 컴퓨터의 접근 용이성, 컴퓨터 성능상태, 시스템의 신뢰성, 네트워크의 성능, 원격연수시 기술적 문제에 대한 지원은 원격교육의 효과와 밀접한 관련이 있을 것으로 예측할 수 있다.

(2) 심리적환경 요인

원격교육에서 심리적환경은 사이버 강좌 수강 당시의 시간적 여유, 직장이나 가정으로부터의 변화나 스트레스 여부, 사이버 강좌 수강을 위한 가정이나 직장의 지원 등을 포함한 개념으로 학습자가 심리적인 안정감을 갖고 수업에 임할 수 있는 여건을 말한다. 이러한 심리적 지원환경이 좋지 못할 경우에는 학습자들이 자신의 학업 중단을 설명하는 주된 이유가 된다 (박진형, 1998).

실제로 Phythian과 Clement(1980)는 직업, 가정 등으로부터의 압력을 원격학업 중단의 첫 번째 이유로 밝히고 있고, Peters(1992)는 직장의 변화, 직업으로부터의 스트레스, 학습시간 부족, 가정으로부터의 스트레스와 같은 학습 이외의 이유들을 학업 중단의 주된 이유로 지목하고 있다. 서혜전(2001)의 연구에서는 심리적 지원이 잘 이루어질수록 학습참여도, 학업성취도에 긍정적인 영향을 미치는 것으로 나타났다. 정해용·김상훈 (2002)의 연구에서도 심리적 지원정도가 높을수록 교육만족도가 높은 것으로 나타났다.

그러나 정인성외(1999a)는 심리적 지원이 학습 효과에 영향을 미치지 않는다고 하였다. 심리적 지원이 높을수록 상호작용에의 참여정도가 활발해지지만, 상호작용을 요구하지 않는 수업의 경우에는 심리적 지원의 기여도가 줄어들 것이라고 하였다.

이런 연구들을 기초로 학습자의 학습에 대한 스트레스 여부, 원격연수의 심리적인 부담이 원격교육 효과에 어떤 영향을 미치는지 분석해 보았다.

3) 원격 교육기관의 유형

원격 교육기관에는 시·도교육청 원격연수원 17개 기관, 대학부설 원격 연수원 18개 기관, 민간단체 원격연수원 21개 기관이 있으며([부록2] 참 조), 이 가운데 34개 기관에서 정보화 원격교육을 운영하고 있다. 이 연구 에서는 원격 교육기관의 유형을 시·도교육청 원격연수원, 대학부설 원격연 수원, 민간단체 원격연수원의 세 유형으로 분류하여 기관 유형에 따라 원격 교육의 효과성과 학습참여도에 어느 정도 차이가 있는가를 분석하였다.

4) 운영자 요인

가) 원격교육에서 운영자의 특징

원격교육의 운영자는 최대의 학습 효과를 위해서 사이버 교육과정 전반 에 대한 과정운영, 학사운영, 결과관리의 업무를 담당하는 사람이다. 운영 자는 주로 교수자가 학습목표에 맞도록 교육을 진행하는 것을 돕고, 학습 자가 운영 시스템에 적응하여 자율적으로 학습을 원활히 수행할 수 있도록 도우며, 교육 전후의 학습지원 활동을 수행하는 일을 담당한다(직업능력개 발원, 2001). 즉, 운영자에게는 교수설계자로서의 능력, 프로젝트 진행능 력, 효과적인 대화를 이끌어가는 개인적인 능력, 프로그램 능력 등이 요구 되고 있다.

사이버 교육의 효과적인 운영에는 기존의 면대면 교육에서는 요구되지 않은 새로운 역할과 직무를 가진 운영자가 필요하다. 사이버 교육과정을 개발하고 운영하는 것은 면대면 교육보다 더 많은 인적자원이 요구되고, 이와 함께 시스템관리 등이 필요하기 때문에 더욱 운영자의 역할이 중요해 진다. 운영자의 운영전략은 크게 사람관리, 학습과정, 시스템관리로 구분 할 수 있다(조은순, 2002). 원격교육 운영자는 해당강좌의 교수나 강사, 조교, 또는 튜터 등이 담당하며, 이들은 컴퓨터 통신을 통한 상호작용에 많은 영향을 미치게 된다. 원격교육에서 요구되는 운영자는 원격교육 주체의 특성 및 원격교육의 기술 방식에 의하여 다양한 형태를 보일 수 있다(Moore & Kearsley, 1996). 방송기술 중심의 대규모 원격대학 운영 형태인지, 인터넷 기반의 가상대학 운영 형태인지, 기업체의 e-러닝 형태인지, 일반대학의 한 가지 유형으로써 원격 강좌 형태인지에 따라 운영 형태에 어떤 사람이 어떻게 관여하는가 하는 점에서 차이가 있다. 원격교육 시스템에서 운영자는 학습자의 학습참여 여부를 관리할 수 있는 학습자 관리 기능, 수업관리 기능, 학습자 진도 관리, 학습코스 조정 기능, 상담지도의 기능, 게시판, 과제제출, 온라인테스트 등의 여러 기능을 담당한다(신창운, 2003). 원격교육 시스템에서 운영자에게 요구하는 기능을 요약하면 〈표 Ⅱ-2-4〉와 같다.

〈표 Ⅱ-2-4〉 원격교육 운영자에게 요구되는 기능

구 분	플랫폼 기능	이용기능
운영자의 기능	학습자 관리	·학습자 등록 ·비밀번호 부여 ·학습자 성적관리(온라인 퀴즈, 학습활동 점수부여)
	수업 관리	·Q&A 게시판, 자유 대화방
	학습자 진도관리	·학습자의 학습 진행 상황점검 기능 ·최초-최종 접속 시간, 진도체크 기능 ·학습자의 후속활동 지원 정보제공 기능
	학습코스 측정	·코스의 크기 조정 기능
	상담지도	·학습에 대한 문의나 생활 상담
	게시판	·코스에 관련한 주요 공지사항이나 일정, 새로운 학습 자료 소개 등을 게시
	과제제출	·학습자들의 과제 제출
	온라인 테스트	·교수자의 문제 출제 기능, 자동채점 및 보고기능

자료: 신창운(2003). 웹기반 원격교육시스템 구축시 주요 성공요인 분석. p.15.

64

나) 원격교육에서 고려해야 할 운영자 요인

원격교육 학습환경에서 운영자의 역할이 매우 중요하게 부각되면서 많은 학자들(Paulsen, 1995; Berge, 1996; McGee, 1997; Salmon, 2000; 주영주·김지연, 2003; 유평준, 2003c)이 운영자나 온라인 촉진자의 역할 및 필요능력에 대해 연구해 왔다.

Paulsen(1995)은 온라인 운영자의 역할을 지적(intellectual), 사회적 (social), 조직적(organizational) 역할로 구분하고 있으며, Berge(1996) 는 원격교육에서 운영자가 수행해야 할 역할을 크게 교육적 역할, 사회적 역할, 관리적 역할, 기술적 역할 등 네 가지로 설명하고 있다. 주영주·김지연 (2003)도 운영자에 대해 교수-학습 촉진자의 역할과 사회적 관계의 조직자 로서 그 중요성을 인식하였다.

McGee(1997)는 운영자의 역할을 조정(moderation), 중재(mediation), 촉진(facilitation)의 세 가지로 구분하고, 이 역할을 수행하는데 필요한 기술 을 의사소통 기술, 조직적 기술, 대인(interpersonal)기술, 기술적 능력으 로 분류하였다.

Salmon(2000)은 사이버 학습공간에서의 학습전개를 접근 및 동기부여 단계, 온라인 사회화 단계, 정보교환 단계, 지식구성 단계, 발전 단계로 나누어 운영자가 수행할 역할을 제시하였다.

이상의 선행연구를 종합해 볼 때, 원격교육에서 운영자 요인은 교과내용 을 지도하는 교수자, 전체 시스템을 관리하는 관리자, 학습의 상담 및 상 호작용을 독려하는 상담자로 나누어 볼 수 있다.

(1) 교수적 요인

원격교육에서 교수자는 학습참여자들 사이에서 그들 간의 내부 상호작용 을 유도하고, 토론활동을 도우며, 학습자들이 학습활동에 적극 참여하도록 조력하는 것이다(한상길, 2004). 즉, 교수자는 조력자·지도자·문제해결 대안 제시자 혹은 사회자 등의 입장에서 학습자들의 학습 효과 촉진을 위해 다양한 역할을 수행하여야 한다. 원격교육의 교수자는 면대면 교육에서 보다 상호작용을 통한 우수한 교육을 제공할 수 있는 역량을 지니고 있어야 한다(NEA, 2000). 더 나아가 교수자는 학습내용에 대한 충분한 전문적 지식을 소유해야 하며 또는 인격적으로 훨씬 꼼꼼하게 남을 배려하고, 인터넷의 특성을 훨씬 더 잘 알고 활용할 줄 아는 전문가의 역할을 수행해야 한다. 이를 위해서는 교수자에게 코스개발에 필요한 기술적 지원, 교수내용의 온라인화에 대한 지원과 평가, 교수자에 관한 동료들의 조언 등을 강조하였다(Pittinsky & Chase, 2000).

원격 교수자가 지녀야 하는 일반적인 역할에 대해 Moore와 Kearsley(1996)는 개인교수들이 지녀야 하는 특성에 초점을 맞추고 있다. 교육과정 내용에 대하여 학습자들과 토론하는 것으로부터 시작하여 교육과정의 효과를 평가하는 것까지 폭 넓은 역할을 규정하고 있다. 대부분이 현재의 인터넷 기반 원격교육에서 교수자 혹은 개인 교수들이 운영과정에서 보여주어야 하는 역할들로 볼 수 있다. 특히, 학습자들을 동기화하고 프로젝트에 대해 지도·감독하는 것은 대표적인 운영활동에 속한다고 할 수 있다.

한편, Simonson과 Zvacek(2003)은 원격교육을 설계하는 단계에서부터 실제로 운영하는 단계에 이르기까지 원격교육 교수자의 역할을 규정하고 있다.

<표 Ⅱ-2-5> 원격교육 교수자의 역할 규정

Moore와 Kearsley의 개인교수 역할	Simonson과 Zvacek의 원격 교수자 역할
· 교육과정 내용에 대한 토론	· 교육 내용의 조직
· 학습 진척에 대한 피드백의 제공	· 교수 방법의 선정
· 과제 및 시험의 평가	· 강좌 개시
· 학습자를 동기화시키기	· 강좌의 구조화
· 행정적 질문에 응답	· 원격의 자료 준비
· 프로젝트 지도 및 감독	· 시각적 자료의 준비
· 면대면 세미나 지도	· 시각적 자료의 해석 안내
· 학습자의 성적 기록	· 시각적 자료의 설계
· 학습자의 입장에서 행정에 개입	
· 교육과정의 효과성 평가	

자료: 양영선·조은순(1998)(역). 원격교육의 이해와 적용. p.166; Simonson & Zvacek(2003). Teaching and learning at a distance. pp.190-198.

이인숙(2002)은 원격교육에서 교수적 역할을 다음과 같이 정리하고 있다. 첫째, 학습자가 학습 전략을 활용할 수 있도록 도와주는 역할이 중요하다. 교수자는 학습자들이 시기 적절하고 의미 있는 피드백을 제공하고, 스스로 시간 관리를 할 수 있도록 다양한 지원을 할 필요가 있다. 둘째, 교수자는 토론을 포함한 모든 학습과정을 적극적으로 참여도록 유도해야 한다. 토론이나 학습 활동이 의도한 궤도에서 벗어나지 않도록 관리하기 위해서 교수자는 진행되어 온 내용들을 적절한 시점에서 정리하고 피드백을 제공할 필요가 있다. 셋째, 교수자의 피드백 제공에 대해 학습자가 신뢰감을 가질 수 있는 환경을 유지해야 한다. 학습자가 신뢰감을 느낄 수 있도록 하려면 무엇보다도 학습자의 질문에 대하여 신속하게 혹은 약속된 시간 내에 피드백을 제공해야 한다.

또한, 서혜전(2001)은 운영자의 교육적 역할을 위한 활동으로 토론시에 질문을 하고 논의의 초점이 핵심 개념과 원리에 맞추어질 수 있도록 하는 활동, 학습내용과 관련된 학습자의 의견이나 정보를 분류하고 정리해 주는 것, 과제에 필요한 자료나 정보를 제공해 주는 것, 과제해결을 위한 절차나 방법을 안내해주고 격려해 주는 것, 학습내용과 관련된 질문에 대해 피드백 제공하기 등으로 분류하였다. 김도헌(2003)은 교수자와 학습자들의 원격교육 학습접근 방식에 의해 학습자 개개인의 독특한 특성 자체에 의해서만 결정되기보다는 교수자들의 어떤 교수적 신념을 가지고 교수활동을 하는지, 교수자들이 제시하는 원격교육 과정의 구조 및 활동이 어떠한 것인지에 따라 영향을 받는다고 하였다.

한편, 교수자의 지원전략을 학습자가 스스로 학습할 수 있도록 하는데 초점을 둔 강명희·김민경(2003)은 자원기반 학습환경에서 교수자가 촉진자로서 외부적으로 지속적인 전략 지원을 해 주는 것보다 모델로서 제공된 전략을 학습자 스스로 내면화하도록 인식하게 하는 것이 더 효과적이라 하였다.

이와 같이 원격교육에서 교수자의 역할은 면대면 수업보다 다양하고, 중요한 데도 불과하고, 원격교육의 효과를 분석할 때, 교수자의 지원 방식이 학습자에게 어떤 영향을 미칠 것인가에 대해서는 연구가 거의 이루어지지 않았다. 따라서 이 연구에서는 교수자의 전문분야의 충분한 지식 보유, 지적 호기심 자극, 학습 질문에 대한 신속한 응답, 학습자의 학습방법 지원 등이 원격교육 효과에 어떤 영향을 미치는지를 분석하였다.

(2) 관리적 요인

원격교육에서 관리자는 학습자를 안내하고, 인도하는 중요한 역할을 수행한다. 더 나아가 관리자의 역할에는 주제 및 기대사항을 명확하게 전달하기, 학습 일정을 안내하기, 학습자 독려를 위해 전자메일 보내기, 학사 운영에 대한 책임지기, 학습 일정이 예기치 않게 변경되었을 때 즉각적인 상황 안내와 대안을 제공하는 것 등이 포함된다.

Berge(1996)는 원격 교수-학습 과정에서 관리자의 역할이 요구된다고 하였다. 다시 말해서 관리자는 교수-학습의 전체 진행일정, 학습목표 및 학습시간, 구체적 일정, 절차, 의사결정 기준 등을 결정하는데 주된 역할을 해 주고, 강한 리더십을 통해 교수-학습의 과정을 관리해 주어야 함을 강조하였다.

서혜전(2001) 연구에서는 운영자의 역할 중에서 관리적 역할이 가장 중요한 것으로 조사되었다. 이와 관련하여 관리자로서 요구되는 몇 가지 업무를 정리하면 다음과 같다(이인숙, 2002). 첫째, 학습자들은 면대면 수업환경에서 흔히 볼 수 있는 것들이 사이버 공간에서도 그대로 가능하면서 면대면 환경에서는 실행하기 어려운 교육적 요소들도 구현될 것을 기대하는 성향을 보인다. 이 기대가 만족되지 못할 때 학습자의 참여 의욕이 급격히 저하될 수 있으므로 프로그램 개설과 동시에 학습자들에게 원격교육 환경의 특성을 바로 인식시키는 활동이 있어야 한다. 둘째, 학습자에 관한 개인 정보는 수업을 관리, 운영하는데 도움을 준다. 학습자의 이름, 교육배경과 관련 경험의 정도, 프로그램의 등록이유, 프로그램 수강 목표, 선호하는 학습유형, 가장 효과적으로 학습하는 방법 등을 미리 전자 메일을 통해 수집하는 것도 필요하다. 셋째, 학습과정을 지속적이고, 다양한 형태로 모니터링하여 개별 학습자가 제대로 학습하고 있는지를 확인하고 오류와 편견을 바로 잡아 주는 서비스가 동반되어야 한다.

따라서 이 연구에서는 원격교육의 학사운영에 전반적인 책임을 지는 관리자가 학습 일정을 안내, 학습 일정이 예기치 않게 변경되었을 때 즉각적인 상황 안내와 대안을 제공, 과정운영과 관련된 적절한 해결방안, 행정적인 질문에 대해 응답하는 등의 관리적 역할에 따라 원격교육 효과에 어떤 영향을 미치는지를 분석하였다.

(3) 사회적 요인

원격교육 운영자의 사회적 역할로는 학습자의 의견을 존중해주기, 연대감을 위해 참가자를 소개하는 시간 가지기, 상호작용을 촉진시키기, 네티겟을 상기시키기, 우수한 참여자를 칭찬하고 강화하기 등이 있다.

원격교육 운영자의 사회적 역할은 운영자들의 역할 중에서 상당히 중요한 의미를 가지고 있다. 왜냐하면, 학습자의 응답에 피드백하고 융통성을 가지고 참여를 독려하는 역할, 친밀한 인간관계와 팀의 단결력을 도모하는 역할, 전체 진행일정을 결정하고 강한 리더십과 방향성으로 학습과정을 관리하는 역할이 학습자의 성공에 중요한 요건이 되기 때문이다(Berge, 1996). 원격교육에서 참여자 간의 상호작용은 자연스럽게 활성화되는 것은 아니다. 상호작용이 미약한 강의식 원격교육이 되느냐, 아니면 활발한 원격교육이 되느냐하는 것은 학습 프로그램을 어떻게 설계하고 운영하는가에 따라 그 성패가 좌우된다. 원격교육 상황에서 참여자 간의 상호작용이 일어나도록 하기 위해서는 운영의 주체인 온라인 촉진자의 지원이 필요하다.

정인성·임정훈(2000)은 원격교육에서 학습자들에게 게시판이나 토론방 활동을 수행하도록 장려만 하고 그대로 방치하면 많은 학습자들이 상호작용에 거의 참여하지 않기 때문에 운영자가 학습자들의 학습참여를 수시로 점검해야 할 필요가 있다고 하였다. 서혜전(2001)연구에서 운영자들이 구성원들 간의 커뮤니케이션을 격려하고, 학습참여를 유도하는 것에 소극적이라고 조사되었다.

이런 연구 결과를 볼 때, 운영자의 사회적 역할은 상당히 중요하게 여겨짐에도 불구하고, 소홀하게 취급되고 있다. 따라서 이 연구에서는 교수자(튜터)와 학습자 간의 우호적인 대인관계 형성하기, 학습자를 칭찬하고 강화하기, 네티겟을 상기하기 등을 통한 운영자의 사회적 역할이 학습 효과에 어떤 영향을 미치는지에 대해 연구해 보았다.

5) 프로그램 요인

가) 원격교육에서 프로그램의 특징

교육의 효과는 새로운 매체를 이용함으로써 저절로 얻어지는 것이 아니라 매체의 특성, 학습내용, 학습자의 특성 등을 고려하여 체계적인 설계가 이루어질 때 가능하다(주영주·최성희, 2003). 원격교육 체제에서 교육적인 측면에 초점을 맞추어 원격교육 체제의 하위영역과 의미를 밝히고자 한 사람은 Khan(2002)과 유인출(2001)이다.

Khan(2002)에 따르면 원격교육 학습체제의 요소는 8가지 영역 즉, 교수적 영역, 기술적 영역, 인터페이스설계 영역, 평가 영역, 관리 영역, 자원지원 영역, 윤리적 영역, 제도적인 영역으로 나눌 수 있다. 이는 〈표 Ⅱ-2-6〉에서 구체적으로 제시한 것과 같이 수업 및 교육활동에 가장 필수적인 과정을 포함하고 있으며, 웹기반 학습을 계획하고 구축하며 실행, 평가할 때 고려해야 하는 교육의 제 측면을 상세하게 제시하였다.

<표 Ⅱ-2-6> 원격교육 교수-학습 설계 영역

1. 교수적 영역	2. 기술적 영역	3. 인터페이스설계 영역	4. 평가 영역
1.1 목적 및 목표 1.2 설계적인 접근 1.3 조직 1.4 수업방법 및 전략 1.5 매체	2.1 하부구조설계 2.2 하드웨어 2.3 소프트웨어	3.1 페이지와 사이트설계 3.2 내용 설계 3.3 화면 설계 3.4 사용편의성 평가	4.1 학습자 평가 4.2 수업 및 　　학습환경 평가
5. 관리 영역	6. 자원의 지원	7. 윤리적 영역	8. 제도적인 영역
5.1 학습환경의 유지 5.2 정보의 분배	6.1 온라인지원 6.2 자원	7.1 사회문화적 다양성 7.2 지리적 다양성 7.3 학습자 다양성 7.4 정보의 접근성 7.5 에티켓 7.6 법적 이슈	8.1 학사업무 8.2 학생서비스

자료: Khan(2002). e-learning strategies. 강명희외(2004)(역). 이러닝 성공전략. p.18.

그러나 Khan의 논의는 교육의 과정적 요소에 관심을 국한시킴으로써 이들 교육적 준거들을 만족시키기 위한 조직 내부의 절차 및 과정에 대해서 언급하지 않고 있다. 따라서 조직 내의 절차 및 과정을 어떻게 수립할 것인지에 대해서는 시사점을 줄 수 없는 한계가 있다.

한편, 유인출(2001)의 원격교육 체제모형은 교육적 요소 중에서도 특히 인터넷을 중심으로 하는 교육관련 대상(교수자, 학습자, 기술자, 교육관리자, 콘텐츠 제공자, 교육서비스 제공자 등)의 역할과 상호작용 관계를 강조하고 있는데, 이는 〔그림 Ⅱ-2-1〕과 같다.

〔그림 Ⅱ-2-1〕 원격교육 체제의 구성요소 및 역할

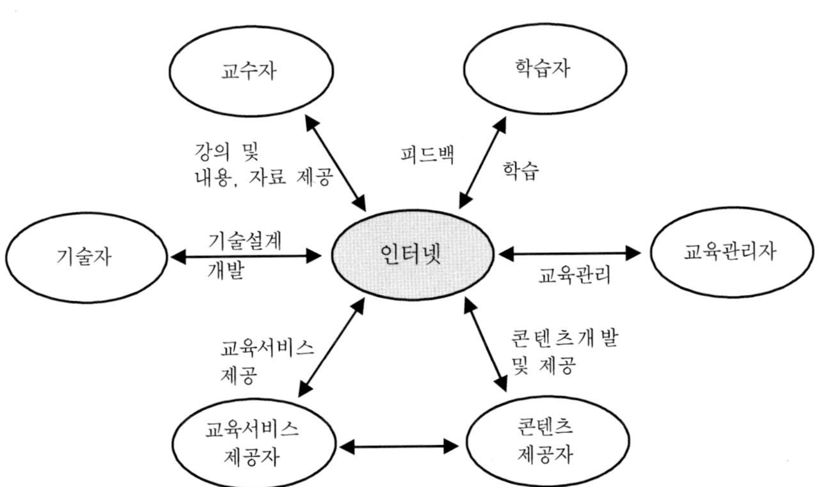

자료: 유인출(2001). 성공적인 e-learning 비즈니스 전략. p.11.

나) 원격교육에서 고려해야 할 프로그램 요인

원격교육에서 프로그램 영역에 관한 연구는 다양하게 이루어져 왔다. 원격교육의 프로그램 영역은 학교의 질 관리에 대한 연구(교육인적자원부, 2000)나 학생의 학교 만족연구(Fujita-Starck & Thompson, 1994; 박종흡, 1998; 김종이·이희정, 2000; 김계현외, 2003)에 대해 필수적인 요인으로 분석되었고, 일부 연구에서는 원격수업 그 자체로 학교의 질 관리나 학생의 만족 연구(Bailey, 2002; Bryant, 2003)에 대한 분야로

72

다양하게 수행해 왔다.

원격교육 프로그램 영역에서 구체적으로 다루어진 내용은 다음과 같이 정리할 수 있다.

정인성(1999)은 웹기반 가상수업 평가모형 및 도구개발에서 학습내용 요인으로 내용 변인을 들었다. 이는 학습목표 성취에 적합한 내용, 학습자 수준의 적합성, 학습 분량의 적절성, 정확하고 객관적인 학습정보, 과제난 이도의 적절성, 과제량의 적절성, 학습내용의 유익성이다. 또한, 내용제시 전략으로 학습목표가 명료하게 진술되는가, 초반에 학습진행/평가방법 등을 소개하는가, 이미지/그래픽 등이 내용을 이해하는데 적절한가를 평가요 소로 들고 있다.

류완영(1999)은 사이버 대학에서 교수-학습과정에서 중요한 요소로 교수자, 강의내용, 평가방법 등을 강조하였다. 교수자는 지식을 전달하는 전달자, 학습자가 자신의 목표를 잘 도달할 수 있도록 도움을 제공하는 조력자(facilitator) 그리고 거대한 정보의 바다에서 학습자가 원하는 정보에 접근할 수 있도록 도와주는 정보 관리자(information manager)의 역할을 하고, 강의내용은 학습자로 하여금 학습의욕을 불러일으킬 수 있어야 하고, 학습자의 수준별 난이도를 고려할 수 있어야 하며, 학습평가는 학습하게 될 내용에 대한 적합성 및 적절성을 다루는 부분으로 학습목표와의 일치성, 내용의 일관성 등으로 보았다. 그리고 최광신·노진덕(2002)은 학습요인으로 교수자가 학습자에게 제공하는 강의 내용과 학습하는 과정, 그리고 학습 후 평가로 세분화하였다.

안미리외(2000)는 원격교육 연수원 및 원격교육 대학원 모형개발과 운영방향에서 요구분석, 코스개발, 전달과 상호작용, 평가로 이루어지는 일련의 내부 순환과정과 시설적 지원, 정책적 지원, 학생기록, 학습자 지원 등의 외부 지원으로 나누고 각각의 요소와 지원체제 등에 관해 구체적으로 논의하였다.

이상의 선행연구에서는 프로그램 요인에 있어 학습내용, 상호작용, 학습평가 등으로 나누었다. 이 연구에서는 프로그램 요인을 원격교육의 특수성을 고려하여 원격 교육기관에서 제공하는 콘텐츠 부분의 화면설계 요인, 교육기관이 학습자에게 제공하는 학습내용 요인, 학습과정에서의 질문·토론에 따른 상호작용 요인, 과제나 시험에 대한 학습평가 요인으로 나누었다.

(1) 화면설계 요인

원격교육은 가상공간에서 학습이 이루어지기 때문에 기존의 강의실 수업과 동일한 설계를 통해서 의미 있는 학습경험과 환경을 제공하기가 어렵다. 이와 관련하여 Piskurich와 Sanders(1998)는 원격교육 환경에서 기존의 교수설계 모형이 적합하지 않으며 교수설계 절차가 보완·수정되어야 한다고 논의하였다. Cheung(1998)의 연구에서는 화면설계 요인으로 용어나 문자의 명확성(clarity), 이해도(understandableness), 유용성(usefulness), 관련성(relevance) 등을 강조하였다. 대부분 사이버 교육에서는 학습 자료를 하이퍼텍스트의 형태로 제공한다. 이 도구는 특정주제에 대한 자료들의 제목과 그 자료가 실제로 저장되어 있는 위치를 연결시켜줌으로써 사용자들이 그 주제에 대한 자료를 효율적으로 활용할 수 있도록 해 준다(박인우, 1996; 김유진, 1998).

정인성(1999)은 교수설계 요인으로 화면디자인 및 인터페이스 전략을 들었다. 이를 구체적으로 살펴보면, 화면구성의 일관성, 시각적 강조효과의 적절한 사용, 철자/문법/띄어쓰기의 정확함, 화면당 제시된 정보량의 적절성, 화면이동 도구가 제대로 작동하는지의 여부, 아이콘 사용법의 용이성, 내용입력 및 사례 선택 시의 적절한 반응, 학습자의 현재 위치 및 검색경로 확인가능성 등을 들었다. 유평준(2003b)의 연구에서도 e-러닝 콘텐츠에 대한 평가준거에서 웹 디자인의 적절성과 인터페이스의 적절성을 강조하였다.

임철일(2000)은 화면 설계에 있어 학습자가 보게 되는 문자, 그래픽 및 애니메이션의 설계를 강조하였다. 문자 설계는 학습자의 가독성(readability)

74

을 증가시킬 수 있고, 그래픽은 해당 텍스트의 의미 파악을 도와주는 방식으로 제시될 때 효과적이며, 애니메이션도 그래픽과 같이 움직임이 이해의 과정에 도움을 줄 때 매우 효과적이라 하였다. 최광신·노진덕(2002)은 화면구성을 통해 학습자간/교수와의 상호작용을 활발하게 하고, 학습참여도를 원활하게 해야 함을 중요시하였다.

이상의 연구들은 화면 설계, 화면 디자인, 인터페이스 전략 등에 따라 학습 효과에 영향을 크게 미치는 것으로 나타났다. 이 연구에서도 원격교육 시스템의 화면구성, 문자와 그림의 크기, 학습 콘텐츠의 수준 정도가 원격교육 효과에 어떤 영향을 미치는지 분석하였다.

(2) 학습내용 요인

원격교육에서 학습내용의 적절성 및 유용성, 매체의 풍부성 등은 학습 효과를 높이는데 상당히 중요하다. 김용외(2005)의 연구에서 학습내용은 학습목표에 맞게 적절하게 구성되어야 하고 학습내용이 텍스트, 시각자료, 청각자료 등의 표현이 정확해야 함을 강조하였다. 학습내용을 구성할 때 장시간 컴퓨터 스크린을 보기 때문에 쉽게 피곤하고 지루해지기 쉬우므로 강의내용을 짧게 하면, 짧게 할수록 학습자들의 참여의 폭을 넓힐 수 있고 (강인애, 1996), 학습내용의 구성이 좋을수록 학습참여도를 높일 수 있다 고 하였다(정인성·임정훈, 2000).

또한, 정해용·김상훈(2002)의 연구에서 사이버 교육의 효과인 교육만 족도에 영향을 미치는 가장 중요한 요인으로 흥미로운 구성, 적당한 학습 분량, 적합한 수준의 강의 내용, 이해하기 쉬운 설명 등을 들고 있다. 김 기수외(2003)의 연구에서도 멀티미디어 교육 및 원격교육과 관련된 특성 요인에서 내용의 타당성과 명확성이 높아야 효과가 높은 것으로 나타났다. 그러나 서혜전(2001)의 연구에 의하면, 학습 내용이 잘 구성될수록 학습 참여도는 낮지만 학습만족도는 증진시킬 수 있다고 하였다.

이상의 연구에서는 학습내용의 적절성, 내용의 타당성, 명확성에 따라 학습 효과에 영향을 미치는 것으로 나타났다. 이 연구에서도 원격교육에서 학습자에게 제시할 학습내용과 학습목표의 일치도, 학습내용의 정확성, 개별학습이 가능한 구성, 이해하기 쉬운 설명, 다양한 이미지와 그래픽 자료 제시 등이 원격교육 효과에 어떤 영향을 미치는지를 분석하였다.

(3) 상호작용 요인

원격교육의 상호작용은 교육활동의 형태나 교육활동이 일어나는 환경 등에 따라 다양한 유형의 상호작용이 나타날 수 있다. 이런 상호작용은 오랫동안 성공적인 학습의 열쇠로 간주되었으며, 효과적인 학습의 중요요인으로 받아들여져 왔다. 원격교육에서 상호작용의 중요성이 1990년 중반 이후 활발하게 이루어졌고, 다양한 형태의 분석이 이루어졌다(김동식, 1998; 박인우, 1998; 백영균, 1999; 정인성, 1999; 한상길, 2004).

원격교육에서 상호작용은 학습자와 학습자료, 교수자와 학습자, 학습자와 학습자간 다양한 형태로 이루어진다. 이를 위해 필요한 기능 및 도구(토론방, 게시판, 헬프 데스크) 등이 갖추어져 있어야만 한다. 학습자와 학습자료 간의 상호작용 활동으로는 하이퍼링크의 효과적·효율적인 구성 정보, 전송시간을 고려한 학습 자료를 제작하는 일, 효율적인 인터페이스를 설계하는 것이 포함된다. 교수자와 학습자 간의 상호작용을 촉진하는 방법에는 질의응답 코너를 마련하여 즉각적이면서도 시기적절한 피드백 제공, 외부 전문가와의 연결 라인 설정, 온라인 조교나 운영자의 적극적 활용 등이 포함될 수 있다. 학습자 간의 상호작용을 촉진하는 방법에는 다양한 상호작용 도구를 활용하도록 권장하고 상호작용 상황을 지속적으로 모니터링 하는 일, 토론방 활용을 통한 적극적인 토론을 유도하는 일, 협력학습 전략을 설계하는 일 등이 포함될 수 있다.

김민경·노선숙(1999)의 연구에서는 교수자와 학습자 간의 상호작용을 증진시킬 수 있도록 게시판의 효과적 사용을 모색할 필요가 있다고 했다. 게시판을 이용한 상호작용은 질문할 내용을 문자의 형태로 변형시키는 과정에서 다시 한 번 생각해 볼 기회를 주어 반성적 사고를 권장하는데 효율적인 도구이며, 교수자 입장에서도 게시된 글을 보면서 학습자들의 이해정도를 분석할 수가 있고 나아가 학습의 장애 정도를 진단하게 하여 더 효율적인 교수-학습의 장을 설계하고 운영하는데 도움이 될 수 있다.이 때 다른 사람으로부터 즉각적인 피드백을 받을 수 있다는 기대감은 학습자들로 하여금 게시판의 사용을 지속시키기 때문에 대인간의 상호작용을 활성화시킬 수 있다.

정인성·임정훈(2000)의 연구에서는 원격교육 환경을 학습자간 협동적 상호작용이 활발하게 일어날 수 있도록 구성해야 한다고 했다. 소집단 협동학습은 학습자간 서로 역동적인 상호작용의 기회를 허락함으로써 상호간에 우호적인 대인 관계를 형성하도록 도움을 주며, 서로 협력하는 과정에서 자신의 사고 깊이와 폭을 넓힐 수 있는 기회를 제공해주고 아울러 학업성취와 정의적 특성 형성에도 긍정적인 영향을 미치는 것으로 알려져 있다. 공동으로 과제를 해결하는 과정에서 토론 및 자료 교환을 위해 상호작용을 하게 되고 사회적 소속감을 강하게 느끼게 함으로써, 결과적으로 학업성취에도 긍정적인 영향을 미칠 수 있게 된다고 하였다.

Sher(2004)는 교수자와 학습자 상호작용, 학습자와 학습자의 상호작용이 학습만족도에 중요한 역할을 한다고 하였다. 이런 상호작용을 활성화하기 위해서는 학습자의 행위에 대해 즉각적인 반응을 제공하고, 학습자의 투입행동에 대하여 적절하고, 즉각적이며, 교정적·개별적인 피드백을 제공해야 함을 강조하였다(성백, 2002). Hay외(2004)는 상호작용의 유형을 학습자와 교수간의 상호작용, 학습자 간의 상호작용, 학습자상호간의 관계에 교수의 개입을 통한 상호작용 등으로 구분하고, 상호작용성이 e-learning 학습의 효과성을 추정하는데 매우 중요한 요소임을 연구 결과로 제시하고 있다. 정인성외(2004)는 평생교육을 위한 웹기반 학습에서 상호작용 유형에 따라 학습자의 학업성취도, 만족도, 학습참여도, 태도 등에 어떠한 변화가 있는지를 분석했는데, 모든 유형에 있어서 상호작용을 활성화시켜야 함을 강조하였다.

그러나 정인성(2000)은 웹기반 학습의 효과 분석에서 상호작용 유형에 따라 전반적인 만족도의 차이가 없는 것으로 나타났다. 수업의 설계·운영 과정에 대한 만족도는 차이가 있는 것으로 나타났고, 이 차이에 대한 분석 결과 내용중심의 상호작용 집단과 학습자-학습자 상호작용 집단 간에 차이가 있는 것으로 나타났다. 이것은 학습자간에 이루어지는 활발한 의사교환과 상호작용 활동이 온라인 환경에서 가상수업의 만족도에 영향을 미치는 요인이라는 것을 말해 준다. 교수자가 학습자들의 학습활동을 독려하고 적절한 피드백을 제공해 주며 상호작용 하는 활동 역시 만족도에 영향을 미칠 수 있으나 이 연구 결과에 따르면 학습자들 간의 상호작용이 만족도에 강한 영향을 미치는 것으로 나타났다. 김도윤외(2004)는 웹기반 형성평가 후 정오/정답 피드백이 학업성취도를 높이는데 효과가 없다고 하였으나 관련 정보 제공형 피드백과 상황 맥락적 피드백의 경우에는 학습자들의 학업성취도를 높이는데 큰 효과가 있다고 하였다.

이상의 연구에서 상호작용 유형에 따라 학습 효과에 다소 차이를 보이지만 상호작용이 활발할수록 학습 효과에 긍정적인 영향을 미치는 것으로 나타났다. 이 연구에서도 게시판, 토론방, E-mail을 통한 학습자와 교수자의 상호작용, 학습자와 학습자 간의 상호작용이 원격교육의 효과에 어떤 영향을 미치는지 분석해 보았다.

(4) 학습평가 요인

원격교육에서 학습평가 요인에는 과제의 양과 난이도가 적절하게 구성되었는가, 평가가 공정하고 객관적으로 실시되고 있는가, 평가방법과 기준, 시행과정은 신뢰할 수 있었는가 등이 포함된다.

정인성(1999)은 웹기반 가상학습 평가모형 및 도구개발에서 평가요소로 학습목표 성취에 적합한 내용, 학습자 수준에의 적합성, 학습 분량의 적절성, 정확하고 객관적인 학습정보, 과제난이도의 적절성, 과제량의 적절성,

학습내용의 유익성을 들었다. 원격교육의 포괄적인 평가개념으로 류완영 (1999)은 국내·외 원격대학의 평가방법 및 활용현황을 분석한 결과, e-러닝에서의 학업성취도 평가를 위한 평가방법으로서 시험, 과제물, 참여 및 출석, 토론, 사례연구 또는 포트폴리오 등으로 구분하여 제시하였다.

구체적인 평가개념으로 백영균(1999)은 원격교육의 평가를 단원별 학습의 접속빈도, 질문의 빈도와 질, 토론참여의 빈도와 질, 과제물, 검사측정, 프로젝트, 학습자 및 동료 등에 의한 방법 등으로 제시하였다. 유평준 (2003b)역시 원격교육 평가방법을 학습참여도 평가, 학습과제 평가, 검사 또는 시험에 의한 평가 그리고 수행평가의 네 가지로 구분하였다. 교육인 적자원부(2005)는 원격연수 평가에서 강의참여도, 과제물, 토론, 질의응 답, 온라인 시험 등으로 보다 구체화하였다. 그러나 온라인 평가시 학습자 를 확인할 수 없기 때문에 부정 또는 불공정 행위를 할 수 있어서 온라인 평가에 대한 표준 통합 시스템 개발에 대한 필요성이 야기되고 있다(김용 외, 2005).

이상의 연구에서는 학습평가에 있어 크게 학습참여도, 과제, 시험 등이 적절하게 평가되었는가를 측정하였다. 이 연구에서는 학습 평가시 과제의 적절성, 과제 및 시험문제의 난이도, 평가기준의 적절성, 평가의 명확성, 평가기준의 다양성 등에 따라 원격교육 효과에 어떤 영향을 미치는지 분석 하였다.

6) 학습참여도 요인

원격교육의 학습참여도는 게시판 게시 횟수, 질의응답 횟수, 비실시간 토 론참여 횟수, 실시간 세미나실 토론참여 횟수 등을 의미하는 것이다. 학습 참여도는 새로운 테크놀로지의 도입과 관련하여 중요하게 인식되고 있다. 컴퓨터 매개통신과 관련된 연구에서는 이용량의 개념으로, 웹기반 학습과 관련된 연구에서는 참여도의 개념으로 사용되어 왔다(정재삼·임규연,

2000 재인용). 원격교육에서 학습자들의 학습참여도를 측정하는 방법은 다양하지만, 흔히 사용하는 방법으로는 학습 진도율, 공지사항 조회율, 게시판의 의견 게시 횟수 및 조회 횟수 등을 사용한다(Moore & Kearsley, 1996).

김은옥(1998)은 접속 횟수와 접속 시간으로 학습자의 가상수업 참여도를 측정하였다. 유평준(2003b)은 학습참여도를 측정하기 위하여 측정지표로 일별, 주별, 또는 월별 단위로 학습참여 활동을 종합하여 체크하고, 그 날 혹은 그 주에 주어진 학습내용과 과제를 모두 완수했는지를 파악하였다. 유평준(2003a)은 학습방법에 대해 만족할수록, 학습전략을 효과적으로 사용할수록, 자신이 학습시간과 속도를 체크하면서 조절할수록 학습참여도가 높은 것으로 분석하였다. 더 나아가 정영식(2004)은 원격교육 접속 횟수와 성적간의 상관관계를 분석한 결과에 의하면, 연수자의 접속 횟수가 높을수록 최종성적이 높게 나타났다.

두민영외(2000)는 수업에 대한 관련성 향상 메시지가 중도탈락율을 낮추는데 긍정적인 영향을 미친다고 하였으며, 학습참여도 측면에서도 수업에 대한 관련성 향상 메시지가 학습자의 총 학습시간을 증대시켜 학습자의 수업참여에 긍정적인 영향을 미친다고 하였다.

이상의 연구를 종합해 볼 때, 학습참여도를 측정하는 방법은 학습 진도율, 공지사항이나 게시판의 게시 횟수 등으로 하고 있는데, 학습참여도가 높을수록 학습 성적, 학습에 대한 만족을 향상시키고, 중도탈락율을 낮출 수 있는 것으로 나타났다. 이 연구에서 학습참여도는 원격교육과 관련된 다양한 요인들이 원격교육의 효과성에 영향을 미치는 매개요인으로 작용할 것이라고 가정하였다. 즉, 다양한 원격교육 관련 요인들이 학습참여도를 통하여 원격교육의 효과성에 영향을 미칠 것이라 예측하였다. 원격교육 학습참여도는 로그횟수, 총 학습시간, 게시판의 게시 횟수, 토론방의 토론 횟수, 학습참여율 등으로 측정하였다.

Ⅲ. 연구방법 및 절차

1. 연구모형

가. 연구의 개념모형

이 연구에서는 원격교육 효과성의 산출지표인 정보기술활용능력 향상, 현장적용도, 자기개발기여도를 파악하고, 원격교육 효과성에 영향을 미치는 요인을 분석하기 위해 〔그림 Ⅲ-1-1〕과 같이 투입－과정－매개－산출의 연구개념 모형을 설계하였다. 원격교육에 영향을 미치는 요인을 학습자 수준과 교육기관 수준으로 나누어 접근하였으며, 학습자 수준에서 학습자 요인과 학습환경 요인, 교육기관 수준에서 교육기관의 유형, 운영자 요인, 프로그램 요인을 설정하였다. 그리고 이 요인들이 학습참여도를 통해 직·간접적으로 미치는 영향을 알아보기 위해 학습참여도를 매개요인으로 설정하였다.

효과성 측정 요소는 실질적으로 적용의 단계에서 평가해야 하나 대부분 학습이 끝난 직후에 느끼는 것으로 Philips(1997)와 Kirkpatrick(1998)의 효과 측정 1단계인 학습만족도, 2단계인 학업성취도의 평가형태를 벗어나지 못하고 있다. 따라서 이 연구에서는 실질적인 적용단계에서 느끼는 효과를 측정하기 위해 원격교육을 이수하고 나서 학교현장에서 2개월 정도 적용한 경험이 있는 교원들을 대상으로 효과성을 평가하였다.

[그림 Ⅲ-1-1] 연구의 개념모형

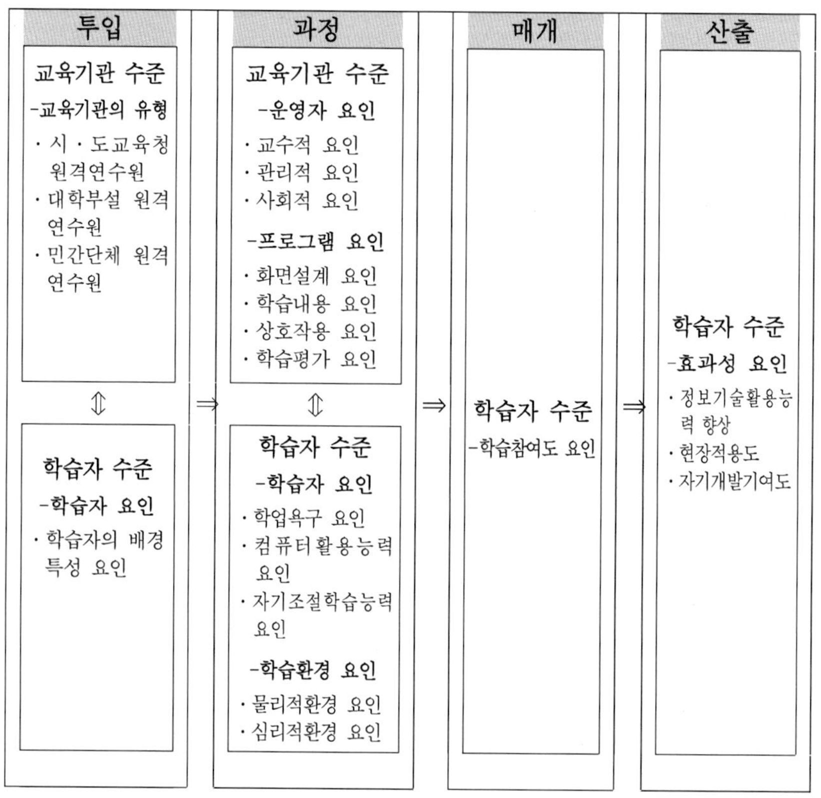

나. 연구의 변인

1) 산출변인

원격교육 효과와 관련된 산출변인은 교육의 결과를 나타나는 성과요인으로서 학습자 수준에서 나타나는 효과성을 의미한다. 효과성의 요인은 정보기술활용능력 향상, 현장적용도, 자기개발기여도로 나누어 볼 수 있다(〈표 Ⅲ-1-1〉 참조).

<표 Ⅲ-1-1> 원격교육의 산출변인

변 인	측정지표	측정기준
정보기술 활용능력 향상	·정보화 지식 ·정보분석 능력 ·컴퓨터 및 인터넷 활용능력 ·다양한 프로그램 실행능력 ·정보화 기술 적용능력	1-5점 척도 1=매우 그렇지 않다. 5=매우 그렇다.
현장 적용도	·정보화 기술을 수업현장에 적용 ·정보화 기술을 교수-학습 자료개발에 적용 ·정보화 기술을 학생지도에 적용 ·정보화 기술을 학교업무처리에 적용 ·정보화 기술을 교과상담에 적용 ·정보화 기술을 학급운영에 적용	1-5점 척도 1=매우 그렇지 않다. 5=매우 그렇다.
자기개발 기여도	·자기개발에 도움 ·도전의식의 함양 ·성취감 ·배움의 기쁨 ·원격연수의 보람	1-5점 척도 1=매우 그렇지 않다. 5=매우 그렇다.

2) 투입변인

원격교육 효과성에 영향을 미치는 투입변인은 어떤 결과를 이루는 과정에 들어갈 때 갖고 들어가는 변인, 즉 학습자들의 노력이나 활동에 의해 결정되는 것이 아니라 미리 정해져 있는 변인을 말한다. 〈표 Ⅲ-1-2〉에서 보는 바와 같이 학습자들의 투입변인으로는 학습자의 배경특성 요인을 설정하고, 교육기관 수준의 투입변인으로는 교육기관의 유형을 포함시켰다.

성별은 남교사를 참조변수로 여교사를 가변수(dummy variable)로, 근무학교 지역은 군·읍·면 지역을 참조변수로 서울, 광역시, 중소도시를 3개의 가변수로, 학교급은 초등학교를 참조변수로 중학교, 고등학교를 가변수로 생성하였다. 직위는 평교사를 참조변수로 부장교사, 교감, 교장을 가변수로 생성하였다. 교육기관 수준에서 시·도교육청 원격연수원을 참조변수로 하여 대학부설 원격연수원, 민간단체 원격연수원을 가변수로 생성하였다.

<표 III-1-2> 원격교육 효과성에 영향을 미치는 투입변인

변 인	측정지표	측정기준
학습자 배경특성 요인	·성별 ·근무지역 ·학교급 ·현직위 ·교직경력 ·학력 ·원격교육 수강수	·남(참조변수), 여(가변수) ·군·읍·면 지역(참조변수), 서울, 광역시, 시·도지역(가변수) ·초등학교(참조변수), 중학교, 고등학교(가변수) ·평교사(참조변수), 부장교사, 교감·교장(가변수) ·5년 미만=1, 20년 이상=5 ·대졸=1, 박사=5 ·1-2강좌=1, 7강좌 이상=4
교육기관 요인	·교육기관의 유형	·시·도교육청 원격연수원(참조변수), 대학부설 원격연수원, 민간단체 원격연수원(가변수)

3) 과정변인

원격교육 효과성에 영향을 미치는 과정변인은 학습자 수준에서 원격학습에 대한 상태와 교육기관을 통해 경험한 것이 산출에 영향을 미치는 변인을 말한다.

학습자 수준의 과정변인은 학업욕구 요인, 컴퓨터활용능력 요인, 자기조절학습능력 요인, 물리적환경 요인, 심리적환경 요인 등으로 구분하였으며, 교육기관 수준의 과정변인은 교수적 요인, 관리적 요인, 사회적 요인, 화면설계 요인, 학습내용 요인, 상호작용 요인, 학습평가 요인 등으로 구분하였다(〈표 III-1-3〉 참조).

<표 Ⅲ-1-3> 원격교육 효과성에 영향을 미치는 과정변인

변 인		측정지표	측정기준
학습자 요인	·학업욕구 요인	·정보화 관련 지식을 얻고자 하는 의욕 ·정보화 경쟁에 뒤지지 않으려는 성향 ·정보화 능력을 향상시키기 위해 노력 ·연수를 끝까지 지속하기 위해 노력	1-5점 척도 1=매우 그렇지 않다. 5=매우 그렇다.
	·컴퓨터활용 능력 요인	·컴퓨터를 거의 매일 사용 ·컴퓨터를 잘 다룸 ·인터넷으로 필요한 정보를 쉽게 찾음	
	·자기조절학습 능력 요인	·다른 일에 지장이 없도록 관리 ·학습활동과 과제를 정해진 기일에 제출 ·스스로 알아서 수업에 참여 ·수업내용 준비를 하고 나서 참여 ·과제를 스스로 해결하고자 노력 ·원격연수를 끝까지 학습하는 편임	
학습 환경 요인	·물리적환경 요인	·컴퓨터는 내 주변 가까이에 설치 ·원격교육에 접속이 용이 ·컴퓨터 사양은 원격학습하기에 적합 ·시스템서비스는 안정적으로 제공 ·인터넷 통신 속도는 학습하기에 적당 ·기술적 문제가 발생시 지원이 가능	1-5점 척도 1=매우 그렇지 않다. 5=매우 그렇다.
	·심리적환경 요인	·학습에 대한 스트레스가 있음 ·원격연수를 지속하는데 부담이 있음	1-5점 척도 1=매우 그렇다. 5=매우 그렇지 않다.
운영자 요인	·교수적 요인	·교수자는 전문분야에 대한 충분한 지식 ·교수자는 학습과정에서 지적 호기심 ·교수자는 학습 질문에 신속하게 피드백 ·교수자는 학습자의 학습방법을 지원	1-5점 척도 1=매우 그렇지 않다. 5=매우 그렇다.
	·관리적 요인	·운영자는 교육일정을 신속하게 안내 ·운영자는 학습 일정 변경시 안내 및 대안 ·과정운영과 관련된 의문을 제기하였을 때 적절한 해결방안 ·행정적인 질문(비용, 연수증 등)에 적절한 응답	
	·사회적 요인	·교수자(튜터)는 친밀한 인간관계를 위해 노력 ·교수자(튜터)는 학습자를 칭찬하고, 학습을 독려 ·교수자(튜터)는 에티켓을 상기	
프로 그램 요인	·화면설계 요인	·화면을 구성하는 인터페이스 설계가 효율적으로 제시 ·컴퓨터 화면이 전체적으로 조화롭게 구성 ·컴퓨터 화면의 문자 크기와 모양이 적당 ·원격연수 학습 콘텐츠의 질에 만족	1-5점 척도 1=매우 그렇지 않다. 5=매우 그렇다.
	·학습내용 요인	·학습내용은 학습목표와 일치 ·학습내용에 여러 가지 오류(지식, 맞춤법, 오답 등)가 없음 ·학습내용은 개인차에 의한 개별학습이 가능 ·원격연수 내용은 이해하기 쉽게 구성 ·원격연수 내용은 다양한 이미지, 그래픽 자료 등으로 제시 ·학습 분량은 내 수준에 적절하게 제시	
	·상호작용 요인	·게시판을 통해 교수자 및 다른 학습자 간에 많은 상호작용 ·토론방에 참가하여 다른 학습자들에게 자주 의견을 제시 ·e-mail을 통하여 교수자와 상호작용이 활발	
	·학습평가 요인	·주어진 과제량은 적절한 편임 ·주어진 과제의 난이도가 적절 ·시험문제의 난이도는 적절 ·성적 평가기준이 명확 ·성적 평가방법이 다양	

4) 매개변인

이 연구에서는 투입과 과정변인이 산출변인에 미치는 영향을 매개하는 매개변인으로 학습참여도를 설정하였다. 학습참여도 요인은 〈표 Ⅲ-1-4〉와 같이 로그횟수(로그인), 총 학습시간, 게시판 게시 횟수, 토론방 참여 횟수, 학습참여율(진도율)로 측정하였다.

<표 Ⅲ-1-4> 원격교육 효과성에 영향을 미치는 매개변인

변 인	측정지표	측정기준
학습참여도 요인	· 로그횟수 · 총 학습시간 · 게시판 게시 횟수 · 토론방 참여 횟수 · 학습참여율	· 20회 미만=1, 80회 이상=5 · 10시간 미만=1, 70시간 이상=5 · 2회 미만=1, 8회 이상=5 · 2회 미만=1, 8회 이상=5 · 25% 미만=1, 75%이상-100%=4

2. 연구대상

이 연구에서는 교육인적자원부의 인가기준을 충족한 56개 교육기관 중 교원 정보화 원격교육을 실시하는 교육기관 34개 기관을 연구대상으로 설정하였다. 원격교육에 있어 교원을 대상으로 한 기관을 선정한 것은 다른 원격 교육기관과 달리 교육인적자원부의 일정한 평가를 통해 최우수(91-100점), 우수(81-90점), 양호(71-80점), 보통(61-70점), 미흡(0-60점)의 질 관리가 이루어지므로 교육의 질적 수준에 차이가 있다고 볼 수 있으며, 따라서 기관을 선정할 때 질적 수준을 반영할 수 있다는 점을 고려한 것이다. 또한 정보화 원격교육 프로그램은 다른 원격 교육기관에서도 운영하고 있어 연구 결과의 일반화 가능성이 크다고 판단하였기 때문이다.

시·도교육청 원격연수원에서 제주도를 제외한 15개 기관, 대학부설 원격연수원에서 8개 기관, 민간단체 원격연수원에서 11개 기관을 선정하였다. 이 기관에서 2003년부터 2005년 2월까지 정보화 원격교육을 이수한 교원을 연구대상으로 하였다.

먼저 2005년 4월 15일부터 4월 23일까지 서울, 인천, 충남에 거주하는 135명의 교사를 대상으로 예비조사를 실시하였으며, 본 조사는 제주도를 제외한 전국 15개 시·도의 초·중등학교를 지역별, 학교급별로 할당한 후 표집 하였다. 5월 12일부터 7월 30일까지 우편조사를 실시한 후 회수율이 낮아 E-mail 및 게시판 이용, 현장방문조사 방법을 병행하여 추가 조사하였다.

첫째, 우편조사는 학교를 중심으로 하여 지역별, 학교급별로 이루어졌다.[11) 우편조사시 15개 시·도의 초·중등학교에 대해 각각 10부씩 총 1,200부를 배포하였고, 이 중 553부가 회수되었으며, 유효 설문지는 530부 이였다.

둘째, E-mail과 게시판 형태는 여덟 개 원격 교육기관의 도움을 받아 연수원별로 이루어졌다.[12) 500부를 배포하여 152부가 회수되었으며, 유효 설문지는 116부이였다.[13) 연수원의 도움을 받아 설문조사를 하는데 개인정보 차원에서 정보제공을 꺼려하기 때문에 자료수집이 매우 어려웠다.

셋째, 현장방문조사 방법은 수도권을 중심으로 학교단위, 연수원단위로

---

11) 우편조사시 연구부장 및 연수담당 부장선생님에게 2003년부터 2005년 2월까지 정보화 원격연수를 이수한 선생님을 파악한 후 설문지를 배부할 수 있도록 협조의 안내문을 발송하였다.

12) 우편조사 후 표본이 적은 시·도교육청 원격연수원과 대학부설 원격연수원을 중심으로 직접 전화통화로 담당자에게 메일 주소를 요청했지만 여덟 개 기관에서만 성명과 메일주소를 얻을 수 있었다.

13) 설문조사시 중복을 피하기 위해 학교단위로 설문조사를 실시한 후 연수원에 따라 표본이 부족한 기관에 대해서는 연수원의 도움을 얻어 e-mail과 게시판 방법을 이용하였다. 이 때 설문에 응하신 분들은 중복하여 응답하지 않도록 안내문을 설문지와 함께 발송하였다.

이루어졌다. 400부 설문지를 직접 배포하여 355명이 회수되었으며, 유효 설문지는 338부이였다.

　설문지는 3,100부를 배포하여 1,060부(34.1%)가 회수되었는데, 이 중에서 불성실한 설문 77부를 제외한 983부의 설문을 통계분석에 이용하였다. 본 조사의 표집현황은 〈표 Ⅲ-2-1〉와 같다.

<표 Ⅲ-2-1> 조사방법별 표집현황

(단위: 명)

구　분	배　포	회수(회수율)	유효수(비율)
우편조사	1,200	553(46.08)	530(53.91)
e-mail과 게시판	1,500	152(10.13)	116(11.80)
현장방문조사	400	355(88.75)	338(34.38)
전　체	3,100	1,060(34.19)	983(100.0)

　교육기관 유형별 표집현황을 살펴보면, 시·도교육청 원격연수원에 1,300부를 배포하여 451부가 회수되었으며, 유효 설문지는 402부이였다. 대학부설 원격연수원에 700부를 배포하여 210부가 회수되었으며, 유효 설문지는 195부이였다. 민간단체 원격연수원에 1,000부를 배포하여 399부가 회수되었으며, 유효 설문지는 386부이였다.

<표 Ⅲ-2-2> 교육기관 유형별 표집현황

(단위: 명)

구　분	배　포	회수(회수율)	유효수(비율)
시·도교육청 원격연수원	1,300	451(34.69)	402(40.90)
대학부설 원격연수원	700	210(30.00)	195(19.80)
민간단체 원격연수원	1,000	399(39.90)	386(39.30)
전　체	3,100	1,060(34.19)	983(100.0)

　교육기관별 표집분포는 〈표 Ⅳ-2-3〉과 같다. 시·도교육청 원격연수원의 유효 설문지는 402부이며 전체의 40.9%에 해당되고, 이 중에서 가장 많이 회수된 곳은 47부(4.8%), 가장 적은 곳은 13부(1.3%)였다. 대학 부설 원격연수원의 유효 설문지는 195부이며 전체의 19.8%에 해당되고, 이 중에서 가장 많이 회수된 곳은 44부(4.5%), 가장 적은 곳은 19부(1.9%)였다. 민간단체 원격연수원의 유효 설문지는 386부이며 전체의 39.3%에 해당하고, 가장 많이 회수된 곳은 58부(5.9%), 가장 적은 곳은 20부(2.0%)였다.

<표 Ⅲ-2-3> 교육기관별 표집분포

구　분	연수원	분석대상(명)	백분율(%)
시·도교육청 원격연수원 (15기관)	A1	28	2.8
	A2	43	4.3
	A3	21	2.1
	A4	35	3.5
	A5	38	3.9
	A6	17	1.7
	A7	29	3.0
	A8	20	2.0
	A9	13	1.3
	A10	24	2.4
	A11	47	4.8
	A12	19	1.9
	A13	19	1.9
	A14	21	2.1
	A15	28	2.8
소　계		402	40.9
대학부설 원격연수원 (8기관)	B1	29	3.0
	B2	19	1.9
	B3	20	2.0
	B4	20	2.0
	B5	20	2.0
	B6	44	4.5
	B7	23	2.3
	B8	20	2.0
소　계		195	19.8
민간단체 원격연수원 (11기관)	C1	23	2.3
	C2	37	3.8
	C3	42	4.3
	C4	47	4.8
	C5	33	3.4
	C6	58	5.9
	C7	31	3.2
	C8	45	4.6
	C9	30	3.1
	C10	20	2.0
	C11	20	2.0
소　계		386	39.3
전　체		983	100.0

　　연구대상의 개인적 배경특성별 분포는 〈표 Ⅲ-2-4〉와 같다. 성별로는 남자가 37.3%, 여자가 62.7%로 여교사가 2배 정도 더 많이 표집 되었다. 연령별로는 20-30세 미만이 15.7%, 30-40세 미만이 34.8%, 40-50세 미만이 38.6%, 50세 이상이 11.0%로 표집 되었고, 교직경력별로는 5년 미만이 18.0%, 5년 이상-10년 미만이 16.2%, 10년 이상-15년 미만이 17.4%, 15년 이상-20년 미만이 21.8%, 20년 이상이 26.7%로 경력별에 있어 골고루 표집 되었다.

　　근무하는 지역별로는 서울이 5.4%, 광역시가 51.6%, 중소도시가 31.4%, 군·읍·면지역이 11.6%로 표집 되었다. 학교급로는 초등학교 교사가 42.5%, 중학교 교사가 39.0%, 고등학교 교사가 18.2%로 나타났다. 직위별로는 평교사가 66.8%, 부장교사가 28.2%, 교감 및 교장이 4.8%로 나타났다.

　　학력별로는 대학졸업이 전체의 절반 정도인 49.0%, 석사과정이 17.7%, 석사가 30.5%, 박사과정이 1.9%, 박사가 0.8%로 나타났다.

　　연수비용 부담별로는 본인 부담이 가장 많은 33.6%, 소속교육청의 부담이 30.8%, 근무하는 학교 의 부담이 9.2%, 본인 50%, 학교 50% 지원이 19.2%, 기타가 7.2%로 조사되었다. 원격연수 수강 강좌수는 1-2강좌가 64.2%, 3-4강좌가 21.9%, 5-6강좌가 9.0%, 7강좌 이상이 5.0%로 나타났다.

<표 III-2-4> 연구대상의 개인적 배경특성별 분포

구 분	내 용	빈도(명)	백분율(%)
성별	남 자	366	37.3
	여 자	616	62.7
연령	20세 이상－30세 미만	154	15.7
	30세 이상－40세 미만	342	34.8
	40세 이상－50세 미만	379	38.6
	50세 이상	108	11.0
근무하는 지역	서 울	53	5.4
	광 역 시	507	51.6
	중소도시	309	31.4
	군·읍·면	114	11.6
학교급	초등학교	418	42.5
	중학교	383	39.0
	고등학교	179	18.2
현직위	교 사	655	66.8
	부장교사	276	28.2
	교감·교장	47	4.8
교직경력	5년 미만	177	18.0
	5년 이상－10년 미만	159	16.2
	10년 이상－15년 미만	171	17.4
	15년 이상－20년 미만	214	21.8
	20년 이상	262	26.7
학력	대학졸업	482	49.0
	석사과정	174	17.7
	석 사	300	30.5
	박사과정	19	1.9
	박 사	8	0.8
연수비용 부담	본 인	328	33.6
	소속교육청	301	30.8
	근무하는 학교	90	9.2
	본인 50%, 학교 50%	188	19.2
	기 타	70	7.2
원격교육 수강 강좌수	1-2강좌	631	64.2
	3-4강좌	215	21.9
	5-6강좌	88	9.0
	7강좌 이상	49	5.0

3. 조사도구

가. 조사도구의 개발

원격교육 효과성과 효과성에 영향을 미치는 요인을 알아보기 위해 〈표 Ⅲ-3-1〉과 같이 설문지를 구성하였다(〔부록1〕 참조). 조사도구 개발절차는 다음과 같다.

첫째, 선행연구를 중심으로 조사항목을 추출한 다음 연구 목적에 알맞게 재구성하였다. 각 요인별로 선행연구의 설문지를 참고하였고, 일부 문항은 연구자가 새로 제작하였다. 설문지 검증은 지도교수, 대학원 박사과정(현직 교사 4명) 및 원격연수원 담당 연구사에게 논리적 타당성에 대해 검토를 받았다.

둘째, 2005년 4월 12일부터 4월 17일까지 인천, 서울, 충남에 거주하는 교사 100명을 대상으로 예비조사를 실시하여 문항의 타당도와 신뢰도를 예비적으로 검토하였으며, 조사문항으로 적절하지 않다고 평가되는 문항은 삭제하였다. 즉, 자기조절학습능력 1문항, 물리적환경 요인 1문항, 심리적환경 요인의 3문항이 한 요인으로 묶이지 않아 삭제하여 7개 영역 79문항으로 확정하였다.

학습자 요인 중 학습자의 개인적 배경특성 변인은 명목척도로 구성하였고, 학습참여도 요인은 서열척도로 구성하였다. 그 외 요인은 등간척도로 구성하여 '매우 그렇지 않다'는 1점, '그렇지 않다'는 2점, '보통이다'는 3점, '그렇다'는 4점, '매우 그렇다'는 5점 등 다섯 가지 응답 범주를 갖는 Likert척도로 제시하였다. 따라서 3점 이상이면 보통 수준 이상(효과가 있다)으로 인식하고 있는 것을 의미하고, 3점 이하이면 보통 수준 이하(효과가 없다)로 인식하고 있는 것을 의미한다. 단, 심리적환경 요인은 '매우 그렇다'는 1점, '매우 그렇지 않다'를 5점으로 역코딩 하였다.

<표 III-3-1> 설문지의 문항 및 구성내용

변 인		하위변인	설문문항	참 고
학습자 요인	학습자 배경 특성별 요인	① 성별　② 연령　③ 근무지역 ④ 학교급 ⑤ 현직위　⑥ 교직경력 ⑦ 학력　　⑧ 연수비용 부담 ⑨ 원격연수 수강 강좌수	I-1~9	연구자
	학업욕구 요인	① 학습에 대한 동기 ② 학습을 유지하려는 내적통제	II-1~2 II-3~4	정해용·김상훈 (2002) 김미량(2003)
	컴퓨터 활용능력 요인	① 컴퓨터 사용의 친숙성 ② 컴퓨터 활용능력 ③ 인터넷 활용능력	II-5 II-6 II-7	허미화·염창선 (2001) 최광신·노진덕 (2002)
	자기조절 학습능력 요인	① 학습관리능력 ② 자학자습 능력	II-8~10 II-11~13	정해용·김상훈 (2002) 이인숙(2003)
학습환경 요인	물리적 환경 요인	① 원격교육 접근용이성 ② 컴퓨터 성능 상태 ③ 시스템의 신뢰성 ④ 네트워크의 성능 ⑤ 원격연수시 기술적 문제에 대한 지원	V-5~6 V-7 V-8 V-9 V-10	서혜전(2001) 신창운(2003)
	심리적 환경 요인	① 학습에 대한 스트레스 여부 ② 학습지속에 대한 심리적 부담	V-11 V-12	서혜전(2001) 정해용·김상훈 (2002)
교육기관 의 유형	교육기관의 유형	① 원격 교육기관	I-1-10	연구자
운영자 요인	교수적 요인	① 학습과정에서 지적 촉진활동 ② 학습내용 질문에 대한 응답 ③ 학습방법 지원	III-1~2 III-3 III-4	정인성(1999) 서혜전(2001)
	관리적 요인	① 학습 일정 안내하기 ② 학습 일정 변경시 즉각적인 상황 안내와 대안 ③ 행정적인 질문 응답	III-5 III-6~7 III-8	서혜전(2001) 이인숙(2002)
	사회적 요인	① 교수자와 우호적 대인관계 형성 ② 학습자를 칭찬하고 강화하기 ③ 네티켓 상기	III-9 III-10 III-11	정인성·임정훈 (2000) 서혜전(2001)

변　인		하위변인	설문문항	참　고
프로그램 요인	화면설계 요인	① 시스템 화면구성의 적절성 ② 문자의 그림의 크기 적당 ③ 학습 콘텐츠의 질	V-1~2 V-3 V-4	정인성(1999) 최광신·노진덕 (2002) 유평준(2003b) 조미헌 외(2004)
	학습내용 요인	① 학습내용의 타당성 ② 학습내용 개인차 고려 ③ 학습내용 설명의 이해가능성 ④ 학습 분량의 적절성	IV-1~2 IV-3 IV-4~5 IV-6	김기수 외(2003)
	상호작용 요인	① 게시판을 통한 상호작용 ② 토론방을 통한 상호작용 ③ E-mail을 통한 상호작용	IV-7 IV-8 IV-9	서혜전(2001)
	학습평가 요인	① 과제의 양과 난이도 적절성 ② 시험의 난이도 적절성 ③ 시험의 공정성, 다양성	IV-10~11 IV-12 IV-13~14	정인성(1999) 류완영(1999)
학습참여 도 요인	학습참여도 요인	① 로그횟수 ② 총 학습시간 ③ 게시판 게시 횟수 ④ 토론방 참여 횟수 ⑤ 학습 참여율(진도율)	VI-1 VI-2 VI-3 VI-4 VI-5	유평준(2003a)
효과성 요인	정보기술 활용능력향상	① 정보지식 및 정보분석 능력향상 ② 컴퓨터·인터넷 활용능력 향상 ③ 다양한 프로그램 실행능력 향상 ④ 정보화 기술 적용능력 향상	VII-1-1~2 VII-1~3 VII-1~4 VII-1~5	연구자
	현상 적용도	① 수업현장에 적용 ② 교수-학습자료 개발능력 ③ 학생지도에 적용 ④ 학교현장에서 업무처리능력 ⑤ 교과상담에 적용 ⑥ 학급운영에 적용	VII-2~1 VII-2~2 VII-2~3 VII-2~4 VII-2~5 VII-2~6	연구자
	자기개발 기여도	① 자기개발(연수 성적, 전문성 향상) ② 도전의식 ③ 지적희열 ④ 원격연수의 보람	VII-3~1 VII-3~2 VII-3-3~4 VII-3~5	전도근(2005)

나. 조사도구의 양호도

본 조사는 조사도구의 양호도를 판단하기 위해 타당도와 신뢰도 분석을 실시하였다. 타당도 검증은 측정하고자 하는 개념을 정확하게 측정하였는가를 검증하기 위해서 조사도구의 각 영역 및 요인에 대한 확인적 요인분석을 실시하였는데, 요인추출 방법에 있어 정보손실을 최소화하기 위해 주성분 분석(principal component analysis)을 사용하였고, 회전방식으로는 직교회전(Varimax)방법을 선택하였다. 신뢰도 검증을 위해서는 각 변인별로 Cronbach's α 계수를 분석하였다.

1) 효과성 요인

효과성 요인은 정보기술활용능력 향상, 현장적용도, 자기개발기여도로 구분하여 요인분석 및 신뢰도 검증을 실시하였다(〈표 Ⅲ-3-2〉 참조).

<표 Ⅲ-3-2> 효과성에 대한 요인분석 및 신뢰도 검증

구 분	문 항	공통성	요인 부하량	Cronbach's α
정보기술 활용능력 향상	1) 나는 원격연수를 통해 정보화 지식이 향상 되었다.	.727	.853	
	2) 나는 원격연수를 통해 정보분석 능력이 향 상되었다.	.688	.829	
	3) 나는 원격연수를 통해 컴퓨터 및 인터넷 활 용능력이 향상되었다.	.724	.851	.903
	4) 나는 원격연수를 통해 다양한 프로그램 실 행능력이 향상되었다.	.702	.838	
	5) 나는 원격연수를 통해 정보화 기술 적용능 력이 향상되었다.	.766	.875	
	합계(고유치) 설명량(%)		3.607 72.138	
현장 적용도	1) 정보화 기술을 수업현장에 적용하였다.	.613	.783	
	2) 정보화 기술을 교수−학습 자료개발에 적용 하였다.	.569	.755	
	3) 정보화 기술을 학생지도에 적용하였다.	.640	.800	
	4) 정보화 기술을 학교업무처리에 적용하였다.	.502	.708	.845
	5) 정보화 기술을 교과상담에 적용하였다.	.548	.740	
	6) 정보화 기술을 학급운영에 적용하였다.	.521	.722	
	합계(고유치) 설명량(%)		3.393 56.548	
자기개발 기여도	1) 자기개발에 도움이 되었다.	.681	.825	
	2) 도전의식이 함양되었다.	.700	.836	
	3) 성취감을 느꼈다.	.649	.805	.880
	4) 배움의 기쁨을 느꼈다.	.676	.822	
	5) 원격연수가 보람된 일이라는 생각이 들게 되었다.	.682	.826	
	합계(고유치) 설명량(%)		3.389 67.770	

주) 요인 부하량(Factor Loading)은 각 변수와 요인 사이의 상관관계 정도를 나타내는 것이다. 일반적으로 요인 부하량의 절대값이 .40이상이면 유의한 변수로 간주하고 .50을 넘으면 아주 중요한 변수로 간주한다.

정보기술활용능력 향상관련 문항들이 하나의 특성을 측정하고 있는지 확인하기 위하여 확인적 요인분석을 실시한 결과, 요인 부하량이 .82이상으로 아주 높게 나타나 5문항이 하나의 요인으로 묶이는 것을 볼 수 있다. 정보기술활용능력 향상 5문항이 설명하는 설명량은 72.1%이다. 현장적용도 관련 문항들이 하나의 특성을 측정하고 있는지를 확인하기 위하여 확인적 요인분석을 실시한 결과, 요인 부하량이 .70이상으로 높게 나타나 6문항이 하나의 요인으로 묶이는 것을 볼 수 있다. 현장적용도 6문항이 설명하는 설명량은 56.5%이다. 자기개발기여도 관련 문항들이 하나의 특성을 재고 있는가를 확인하기 위하여 확인적 요인분석을 실시한 결과, 5문항의 요인 부하량이 .80이상으로 하나의 요인으로 묶이는 것을 볼 수 있다. 자기개발기여도 5문항이 설명하는 설명량은 67.7%이다.

Cronbach's α계수를 이용하여 변인별 신뢰도 검사를 실시한 결과, 정보기술활용능력 향상의 α계수는 .90, 현장적용도의 α계수는 .84, 자기개발기여도의 α계수는 .88로 매우 신뢰로운 조사도구임을 알 수 있었다.

2) 학습자 요인

학습자 요인은 학업욕구 요인, 컴퓨터활용능력 요인, 자기조절학습능력 요인으로 구분하여 요인분석 및 신뢰도 검증을 실시하였다(〈표 Ⅲ-3-3〉 참조).

<표 Ⅲ-3-3> 학습자 요인분석 및 신뢰도 검증

구 분	문 항	공통성	요인 부하량	Cronbach's α
학업 욕구 요인	1) 나는 정보화 관련 지식을 얻고자 하는 의욕이 강하다.	.579	.761	.788
	2) 나는 정보화 경쟁에 뒤지지 않으려는 성향이 강하다.	.693	.833	
	3) 나는 원격연수과정에서 정보화 능력을 향상시키기 위해 노력하였다.	.645	.803	
	4) 나는 원격연수과정에서 연수를 끝까지 지속하기 위해 노력하였다.	.536	.732	
	합계(고유치) 설명량(%)		2.453 61.319	
컴퓨터 활용 능력 요인	1) 나는 컴퓨터를 거의 매일 사용한다.	.505	.710	.704
	2) 나는 컴퓨터를 잘 다룰 수 있다.	.656	.810	
	3) 나는 인터넷으로 필요한 정보를 쉽게 찾을 수 있다.	.739	.860	
	합계(고유치) 설명량(%)		1.899 63.311	
자기 조절 학습 능력 요인	1) 나는 다른 일에 지장이 생기지 않도록 온라인 수업참석 일정을 관리하였다.	.546	.739	.827
	2) 나는 학습활동과 과제를 정해진 기일에 제출하였다.	.557	.747	
	3) 나는 타인의 통제 없이 스스로 알아서 수업에 참여하였다.	.677	.823	
	4) 나는 원격연수시 수업내용 준비를 하고 나서 참여하였다.	.330	.574	
	5) 나는 원격연수시 과제를 스스로 해결하고자 노력하였다.	.639	.799	
	6) 나는 원격연수시 지루하고 흥미가 없는 부분도 끝까지 학습하는 편이었다.	.508	.713	
	합계(고유치) 설명량(%)		3.257 54.291	

학습자 요인 중 학업욕구 요인이 하나의 특성으로 묶여지는가를 알아보기 위하여 확인적 요인분석을 실시한 결과, 요인 부하량은 모두 .73이상으로 4문항이 하나의 특성으로 묶여진 것을 볼 수 있는데, 학업욕구 요인

이 4문항으로 설명되는 설명량은 61.3%이다. 컴퓨터활용능력의 해당 문항들의 요인 부하량은 .71이상으로 3문항이 하나의 요인으로 묶여지는 것을 볼 수 있는데, 3문항으로 설명되는 설명량은 63.3%이다. 자기조절학습능력 문항들의 요인 부하량은 .57이상으로 6문항이 하나의 요인으로 묶여지는 것을 볼 수 있는데, 6문항으로 설명되는 설명량은 54.2%이다.

Cronbach's α계수를 이용하여 변인별 신뢰도 검사를 실시한 결과, 학업욕구 요인의 α계수는 .78, 컴퓨터활용능력 요인의 α계수는 .70, 자기조절학습능력 요인의 α계수는 .82로 모두 .70이상으로 신뢰로운 조사도구임을 알 수 있었다.

3) 학습환경 요인

학습환경 요인은 물리적환경 요인과 심리적환경 요인으로 구분하여 요인분석 및 신뢰도 검증을 실시하였다(〈표 Ⅲ-3-4〉 참조).

<표 Ⅲ-3-4> 학습환경 요인분석 및 신뢰도 검증

구 분	문 항	공통성	요인 부하량	Cronbach's α
물리적 환경 요인	1) 컴퓨터는 내 주변 가까이에 설치되어 있었다.	.477	.690	.824
	2) 나는 언제, 어디서나 원격교육에 접속하여 학습할 수 있었다.	.541	.736	
	3) 나의 컴퓨터 사양은 원격학습하기에 적합하였다.	.719	.848	
	4) 원격연수시 시스템(동영상) 서비스는 안정적으로 제공되었다.	.639	.799	
	5) 나의 인터넷 통신 속도는 학습하기에 적당하였다.	.665	.815	
	6) 시스템 상의 기술적 문제가 발생하였을 때 도와줄 수 있는 사람이 주위에 있었다.	.240	.490	
	합계(고유치) 설명량(%)		3.282 54.693	
심리적 환경 요인	1) 원격연수시 학습에 대한 스트레스가 있었다.	.797	-.893	.742
	2) 원격연수를 끝까지 지속하는데 심리적으로 부담이 있었다.	.797	-.893	
	합계(고유치) 설명량(%)		1.593 79.661	

물리적환경 요인의 문항들이 하나의 특성을 재고 있는가를 확인하기 위하여 확인적 요인분석을 실시한 결과, 요인 부하량은 .49이상으로 6문항이 하나의 요인으로 묶여지고 있는 것을 볼 수 있으며, 6문항이 설명하는 설명력은 54.6%이다. 심리적환경 요인 문항들의 요인 부하량은 -.89이상으로 2문항이 하나의 요인으로 묶여지고 있는 것을 볼 수 있으며, 2문항이 설명하는 설명력은 79.6%이다.

Cronbach's α계수를 이용하여 변인별 신뢰도 검사를 실시한 결과, 물리적환경 요인의 α계수는 .82, 심리적환경 요인의 α계수는 .74로 매우 신뢰로운 조사도구임을 알 수 있었다.

4) 운영자 요인

운영자 요인은 교수적 요인, 관리적 요인, 사회적 요인으로 구분하여 요인분석 및 신뢰도 검증을 실시하였다(〈표 Ⅲ-3-5〉 참조).

<표 Ⅲ-3-5> 운영자 요인분석 및 신뢰도 검증

구 분	문 항	공통성	요인 부하량	Cronbach's α
교수적 요인	1) 교수자는 전문분야에 대한 충분한 지식을 가지고 있었다.	.485	.696	.758
	2) 교수자는 학습과정에서 지적 호기심을 자극해 주었다.	.655	.810	
	3) 교수자는 학습 질문에 대한 응답을 신속하게 피드백 해 주었다.	.617	.786	
	4) 교수자는 학습자의 학습방법을 지원하였다.	.569	.755	
	합계(고유치) 설명량(%)		2.327 58.173	
관리적 요인	1) 운영자(관리자)는 전체적인 교육일정에 대해 신속하게 안내해 주었다.	.705	.840	.818
	2) 운영자(관리자)는 학습 일정 변경시 즉각적인 안내와 대안을 제공해 주었다.	.730	.855	
	3) 운영자(관리자)는 과정운영과 관련된 의문을 제기하였을 때 적절한 해결방안을 제공해 주었다.	.526	.725	
	4) 운영자(관리자)는 행정적인 질문(비용, 연수증 등)에 적절한 응답을 해 주었다.	.633	.795	
	합계(고유치) 설명량(%)		2.594 64.846	
사회적 요인	1) 교수자(튜터)는 친밀한 인간관계를 위해 노력하였다.	.758	.871	.844
	2) 교수자(튜터)는 학습자를 칭찬하고, 학습을 독려하였다.	.810	.900	
	3) 교수자(튜터)는 네티켓을 상기시켜 주었다.	.718	.847	
	합계(고유치) 설명량(%)		2.286 76.210	

원격교육 운영자 요인 중 교수적 요인의 하위문항들이 하나의 요인으로 묶여지는가를 알아보기 위해 확인적 요인분석을 실시한 결과, 요인 부하량은 .69이상으로 4문항들이 하나의 특성으로 묶여지는 것을 볼 수 있으며, 4문항으로 설명하는 설명량은 58.1%이다. 관리적 요인의 하위 문항들의 요인 부하량은 .72이상으로 4문항이 하나의 특성으로 묶여지는 것을 볼 수 있으며, 4문항으로 설명하는 설명량은 64.8%이다. 사회적 요인의 하위문항들의 요인 부하량은 .84이상으로 4문항이 하나의 특성으로 묶여지는 것을 볼 수 있으며 4문항으로 설명하는 설명량은 76.2%이다.

Cronbach's a계수를 이용하여 변인별 신뢰도 검사를 실시한 결과, 교수적 요인의 a계수는 .75, 관리적 요인의 a계수는 .81, 사회적 요인의 a계수는 .84로 모두 .70이상으로 신뢰로운 조사도구임을 알 수 있었다.

5) 프로그램 요인

교육기관의 프로그램 요인은 화면설계 요인, 학습내용 요인, 상호작용 요인, 학습평가 요인으로 구분하여 요인분석 및 신뢰도 검증을 실시하였다 (〈표 Ⅲ-3-6〉 참조).

<표 III-3-6> 프로그램 요인분석 및 신뢰도 검증

구 분	문 항	공통성	요인 부하량	Cronbach's α
화면 설계 요인	1) 원격연수에서 화면을 구성하는 인터페이스 설계가 효율적으로 제시되었다.	.708	.842	.839
	2) 컴퓨터 화면이 전체적으로 조화롭게 구성되어 있었다.	.713	.844	
	3) 컴퓨터 화면의 문자 크기와 모양이 적당하다.	.654	.809	
	4) 원격연수 학습 콘텐츠의 질에 만족한다.	.634	.796	
	합계(고유치) 설명량(%)		2.709 67.735	
학습 내용 요인	1) 학습내용은 학습목표와 일치하였다.	.426	.653	.784
	2) 학습내용에 여러 가지 오류(지식, 맞춤법, 오답 등)가 없었다.	.423	.651	
	3) 학습내용은 개인차에 의한 개별학습이 가능하도록 이루어졌다.	.444	.666	
	4) 원격연수 내용은 이해하기 쉽게 구성되었다.	.579	.761	
	5) 원격연수 내용은 다양한 이미지, 그래픽 자료 등으로 제시되었다.	.520	.721	
	6) 학습 분량은 내 수준에 적절하게 제시되었다.	.521	.722	
	합계(고유치) 설명량(%)		2.914 48.563	
상호 작용 요인	1) 나는 게시판을 통해 교수자 및 다른 학습자 간에 많은 상호작용을 하였다.	.662	.814	.811
	2) 나는 토론방에 참가하여 다른 학습자들에게 자주 의견을 제시하였다.	.786	.886	
	3) 나는 e-mail을 통하여 교수자와 상호작용이 활발하였다.	.731	.855	
	합계(고유치) 설명량(%)		2.179 72.647	
학습 평가 요인	1) 주어진 과제량은 적절한 편이었다.	.546	.739	.818
	2) 주어진 과제의 난이도가 적절한 편이다.	.658	.811	
	3) 시험문제의 난이도는 적절하였다.	.635	.797	
	4) 성적 평가기준이 명확하였다.	.615	.784	
	5) 성적 평가방법이 다양하였다.	.453	.673	
	합계(고유치) 설명량(%)		2.906 58.126	

화면설계 요인이 하나의 특성을 측정하고 있는가를 확인하기 위하여 확인적 요인분석을 실시한 결과, 요인 부하량은 .79이상으로 4문항이 하나의 요인으로 묶여지고 있는 것으로 볼 수 있으며, 4문항이 설명하는 설명력은 57.7%이다. 학습내용 요인 문항들의 요인 부하량은 .65이상으로 6문항이 하나의 특성으로 묶여지는 것을 볼 수 있으며, 6문항으로 설명하는 설명량은 48.5%이다. 상호작용 요인 문항들의 요인 부하량이 .81이상으로 3문항이 하나의 요인으로 묶이는 것으로 나타났으며, 3문항이 설명하는 설명량은 72.6%이다. 학습평가 요인 문항들의 요인 부하량은 .67이상으로 5문항이 하나의 특성으로 묶여지는 것으로 볼 수 있으며, 5문항으로 설명되는 설명량은 58.1%이다.

Cronbach's α계수를 이용하여 변인별 신뢰도 검사를 실시한 결과, 화면설계 요인의 α계수는 .83, 학습내용 요인의 α계수는 .78, 상호작용 요인의 α계수는 .81, 학습평가 요인의 α계수는 .81로 모두 .70이상으로 매우 신뢰로운 조사도구임을 알 수 있었다.

4. 분석방법

가. 연구문제별 분석방법

이 연구의 문제를 해결하기 위해 적용한 통계적 분석방법은 다음과 같다 (〈표 Ⅲ-4-1〉 참조).

첫째, 원격교육 효과성 관련 변인들의 기초 자료를 분석하기 위해 SPSS(version 12.0) 통계 패키지 프로그램을 이용하였다.

둘째, 원격교육의 효과성 하위변인별 평균을 검토하기 위해 빈도분석 (frequency analysis)을 실시하였고, 학습자의 배경특성 요인에 따라 효과성의 차이를 검토하기 위해 위계적선형모형(Hierarchical Linear Model/2-Level; HLM/2L version 5.0) 분석[14]을 실시하였다.

셋째, 원격교육의 효과성에 영향을 미치는 요인을 분석하기 위해서는 위계적선형모형 분석과 구조방정식모형(Structural Equation Model; Amos version 4.0) 분석을 이용하였다. 위계적선형모형 분석은 절편만 무선효과를 가지며, 모든 예측변인은 고정효과를 가지는 것으로 설정하였다. 또한, 학습자 수준과 교육기관 수준의 예측변인은 모두 전체 평균으로 중심점 교정(grand mean centering)을 하였다.

<표 III-4-1> 연구문제별 분석방법

연구문제	분석방법
· 원격교육 효과성 관련 변인들의 기초 자료 분석	· 기술적 통계분석
· 원격교육 효과성 정도 · 원격교육 효과성의 관련변인별 차이 분석	· 빈도분석(평균) · 위계적선형모형 분석
· 원격교육의 효과성에 영향을 미치는 요인 분석	· 위계적선형모형 분석 · 구조방정식모형 분석

나. 통계분석방법: 위계적선형모형 분석

이 연구에서 설정하고 있는 원격교육의 효과성과 효과성에 영향을 미치는 요인을 분석하기 위해서 위계적선형모형 분석을 채택하였다. 위계적선형모형에 대해 구체적인 분석방법을 살펴보면 다음과 같다.

---

14) 위계적선형모형 분석은 위계적 구조의 자료에서 하위층 분석단위(개인)와 상층인 분석단위(집단)에서 모두 복수의 예측변인들이 존재하는 자료 분석에 적합한 통계방법이다. 여기서는 위계적선형모형 분석은 위계적 계층이 2단계(학습자 수준, 교육기관 수준)인 자료로 구성된 이층모형(2-level model)이다.

1) 위계적선형모형 분석의 의미

이 연구의 문제를 해결하기 위해 위계적선형모형 분석을 적용하는 이유는 자료가 두 수준으로 이루어져 있기 때문이다. 첫째는 학습자 수준(학습자의 배경특성 요인, 학습자 요인, 학습환경 요인, 학습참여도 요인)이며, 둘째는 교육기관 수준(교육기관의 유형 요인, 교수적 요인, 프로그램 요인)이다. 이와 같이 분석 단위 혹은 측정 수준을 고려한 위계적선형모형 분석은 과거 사용되어 온 회귀분석이나 변량분석에서 측정 수준이 다른 자료를 개인 또는 집단수준으로 분산(disaggregation)시키거나 압축(aggregation)시킴으로써 유발되는 통계적 오류를 보완한 모형이기 때문에 자료가 다수준일 경우 논리적으로 타당한 분석방법이다(최길찬, 1995; 이재열외, 2005).

2) 수리적 모형과 적용

이 연구에서 분석 자료는 학습자 수준과 교육기관 수준으로 나누어져 있다. 분석에 실제로 사용한 준거변인은 정보기술활용능력 향상, 현장적용도, 자기개발기여도 등이다. 분석 수준별로 투입된 예측변인, 매개변인, 준거변인은 〈표 Ⅲ-4-2〉와 같다.

<표 III-4-2> 연구변인간 관계와 측정 수준

구 분	수준/차원		변 인
예측변인	학습자 수준	학습자 요인	성별 근무하는 지역 학교급 현직위 교직경력 학력 수강 강좌수 학업욕구 요인 컴퓨터활용능력 요인 자기조절학습능력 요인
		학습환경 요인	물리적환경 요인 심리적환경 요인
	교육기관 수준	교육기관 유형	원격 교육기관 유형
		운영자 요인	교수적 요인 관리적 요인 사회적 요인
		프로그램 요인	화면설계 요인 학습내용 요인 상호작용 요인 학습평가 요인
매개변인	학습자 수준	학습참여도 요인	학습참여 요인
준거변인	학습자 수준	효과성 요인	정보기술활용능력 향상 현장적용도 자기개발기여도

가) 기초모형(null model)

기초모형은 가장 간단한 형태의 위계적선형모형으로 자료 분석의 기초적 정보를 구할 수 있으며, 다음 단계 자료 분석의 바탕이 된다(이재열외, 2005). 기초모형에서는 각 준거변인에 대해 학습자 개인 수준과 교육기관 수준의 변인이 차지하는 변량을 분할해 낼 수 있다. 여기서 학습자 수준과 교육기관 수준에 있어서 모든 예측변인을 투입하지 않고 분석한다. 아래의 방정식은 정보기술활용능력 향상을 준거변인으로 하였을 경우만 나타낸 것이다.

$$\text{학습자 수준: } Y_{ij} = \beta_{0j} + e_{ij} \sim N(0,\ \sigma^2)$$

$$\text{교육기관 수준: } \beta_{0j} = \gamma_{00} + \mu_{0j} \sim N(0,\ \tau_{00})$$

여기서 Y_{ij}는 j번째 교육기관 i번째 학습자의 정보기술활용능력 향상이고, β_{0j}는 j번째 교육기관 학습자들의 정보기술활용능력 향상 평균, e_{ij}는 j번째 교육기관 i번째 학습자의 오차(개인 효과)를 나타낸다. 여기서는 전체 교육기관의 모집단 평균(γ_{00})과 전체 모집단 평균에 대한 교육기관 편차(교육기관 효과, μ_{0j})로 나타낼 수 있다. 정보기술활용능력 향상(Y_{ij})의 분산은 학습자 수준과 교육기관 수준으로 구분된다. σ^2는 집단내 분산, τ_{00}는 집단 간의 분산을 나타낸다.

나) 연구모형(mean model)

연구모형은 기초모형을 통하여 각 층위에 존재하는 분산의 양을 파악한 후 학습자 수준과 교육기관 수준의 예측변인을 포함하여 설정할 수 있다. 연구모형은 연구자가 관심을 가지고 있는 변인을 방정식에 투입한 결과, 학습자 수준과 교육기관 수준 변인의 설명력(고정효과와 무선효과)을 제공해 준다. 아래의 방정식은 정보기술활용능력 향상을 준거변인으로 하였을 경우만 나타낸 것이다.

① 학습자 수준

$$Y_{ij} = \beta_{0j} + \beta_{1j}(\text{성별}) + \beta_{2j}(\text{근무지역}) + \beta_{3j}(\text{학교급}) + \beta_{4j}(\text{현직위}) + \beta_{5j}(\text{교}$$

직경력) $+\beta_{6j}$(학력) $+\beta_{7j}$(수강 강좌수) $+\beta_{8j}$(학업욕구 요인) $+\beta_{9j}$(컴퓨터 활용능력 요인) $+\beta_{10j}$(자기조절학습능력 요인) $+\beta_{11j}$(물리적환경 요인) $+\beta_{12j}$(심리적환경 요인) $+\beta_{13j}$(학습참여도 요인) $+e_{ij}$, $e_{ij}\sim N(0,\ \sigma^2)$

② 교육기관 수준

$\beta_{0j}=\gamma_{00}+\gamma_{01}$(교육기관 유형) $+\gamma_{02}$(교수적 요인) $+\gamma_{03}$(관리적 요인) $+\gamma_{04}$(사회적 요인) $+\gamma_{05}$(화면설계 요인) $+\gamma_{06}$(학습내용 요인) $+\gamma_{07}$(상호작용 요인) $+\gamma_{08}$(학습평가 요인) $+\mu_{0j}$, $\mu_{0j}\sim N(0,\ \tau_{00})$

$$\beta_{qj} = \gamma_{q0}$$

원격교육의 효과 Y_{ij}분산은 개인수준과 집단수준으로 구분된다. σ^2은 학습자들의 개인적 차이에 따른 효과의 분산을 의미하고, τ는 교육기관 간의 차이에 따른 효과의 분산을 나타낸다. 종속변수의 분산을 각 층위의 분산으로 구분함으로써 다음의 공식을 이용하여 집단내 상관계수(Intraclass Correlation Coefficient; ICC)를 구할 수 있다. 집단내 상관계수는 전체분산 중에서 어느 정도의 비율이 집단 간의 차이로 인한 것이며, 어느 정도가 개인 간의 차이(1-ICC)로 인한 것인지를 알 수 있게 해 준다.

$$ICC=\frac{\tau}{\tau+\sigma^2}$$

연구모형의 실제적인 유용성을 평가하기 위해서는 두 가지 다중상관계수 $(R_1^2,\ R_2^2)$가 사용된다.

$$R_1^2=(\sigma_1^2-\sigma_2^2)/\sigma_1^2$$

여기서 σ_1^2는 기초모형의 교육기관내 분산이고, σ_2^2는 연구모형의 교육기관내 분산이다. 즉, R_1^2는 학습자 수준의 변인이 교육기관내 분산(within-educational institution variance)의 몇 퍼센트를 설명하는가를 나타낸다.

$$R_2^2 = \frac{Var(\beta_{0j} : null) - Var(\beta_{0j} : full)}{Var(\beta_{0j} : null)}$$

$Var(\beta_{0j} : null)$는 기초단계 모형의 τ_{00}이고, $Var(\beta_{0j} : full)$은 연구모형에서의 τ_{00}이다. 즉, R_2^2는 교육기관 수준의 변인이 교육기관간 분산(between-educational institution variance)의 몇 퍼센트를 설명하는가를 나타낸다.

Ⅳ. 연구 결과 및 해석

1. 원격교육 효과성 관련 변인에 대한 기초자료

가. 학습자 요인

학습자 요인에는 학업욕구 요인, 컴퓨터활용능력 요인, 자기조절학습능력 요인이 포함되었으며, 평균, 표준편차, 최소값과 최대값은 〈표 Ⅳ-1-1〉와 같다.

<표 Ⅳ-1-1> 학습자 요인

요　인	평　균	표준편차	최소값	최대값
학업욕구 요인	3.77	.69	1.00	5.00
컴퓨터활용능력 요인	3.93	.64	1.00	5.00
자기조절학습능력 요인	3.68	.67	1.00	5.00

학습욕구는 평균 3.77로 나타났는데, 이것은 학습자들이 정보화능력향상을 위한 학습 동기와 원격연수에서 지속하고자 하는 내적통제가 보통 수준보다 높은 것으로 나타났다. 컴퓨터활용능력은 평균 3.93으로 학습자들이 평소 컴퓨터활용능력이 상당히 높은 것으로 나타났는데, 특히, 컴퓨터를 거의 매일 사용한다는 질문에는 평균 4.46으로 나타나 컴퓨터 사용이 보편화되고 있음을 알 수 있었다. 자기조절학습능력은 평균 3.68로 원격

교육에서 교사들이 자기통제학습능력이 보통 수준보다 높은 편인 것으로
나타났다.

나. 학습환경 요인

학습환경 요인에는 물리적환경 요인과 심리적환경 요인이 포함되었으며,
평균, 표준편차, 최소값과 최대값은 〈표 Ⅳ-1-2〉와 같다.

<표 Ⅳ-1-2> 학습환경 요인

요 인	평 균	표준편차	최소값	최대값
물리적환경 요인	3.79	.64	1.00	5.00
심리적환경 요인	2.61	.77	1.00	5.00

물리적환경 요인은 평균 3.79로 학습자들이 원격강의를 수강하기 위해
원하는 때에 언제든지 쉽게 이용할 수 있는 물리적환경 체제가 상당히 높
은 수준을 갖추고 있는 것으로 나타났다. 심리적환경 요인은 평균 2.61로
원격교육에 대한 스트레스 및 원격연수를 끝까지 지속하는데 심리적 부담
이 보통 수준보다 높은 것으로 나타났다.[15]

다. 운영자 요인

운영자 요인에는 교수적 요인, 관리적 요인, 사회적 요인이 포함되었으
며, 평균, 표준편차, 최소값과 최대값은 〈표 Ⅳ-1-3〉와 같다.

---

[15] 심리적환경 요인은 다른 변수들과 달리 역코딩하여 크기가 커질수록 심리적
부담이 작다는 의미를 갖는다. 위계적선형모형 분석과 구조방정식모형 분석에
서도 역코딩된 척도를 사용하였다.

<표 Ⅳ-1-3> 운영자 요인

요 인	평 균	표준편차	최소값	최대값
교수적 요인	3.51	.58	1.00	5.00
관리적 요인	3.70	.66	1.00	5.00
사회적 요인	3.16	.77	1.00	5.00

교수적 요인은 보통 수준 이상(평균 3.51)으로 교수자의 전문분야의 지식, 교수자의 지적 호기심 자극, 학습 질문에 대한 응답, 학습자의 학습방법지원 등이 이루어지고 있음을 알 수 있었다. 특히, 교수자의 전문분야에 대한 지식이 평균 3.81로 가장 높은 수준으로 나타났다. 관리적 요인은 보통 수준 이상(평균 3.70)으로 전체적인 교육일정 안내, 학습 일정 변경 시 즉각적인 안내와 대안 제공, 과정운영과 관련된 의문시 적절한 해결방안, 행정적인 질문에 대한 적절한 응답이 적절하게 이루어지고 있는 것으로 나타났다. 사회적 요인은 보통 수준(평균 3.16)보다 약간 높지만, 사이버 상에서 친밀한 인간관계를 위한 노력, 학습자 칭찬, 네티켓 상기하기 등이 교수적 요인과 관리자 요인보다 낮은 수준으로 수행되고 있는 것으로 나타났다.

라. 프로그램 요인

프로그램 요인에는 화면설계 요인, 학습내용 요인, 상호작용 요인, 학습평가 요인이 포함되었으며, 평균, 표준편차, 최소값과 최대값은 〈표 Ⅳ-1-4〉와 같다.

<표 Ⅳ-1-4> 프로그램 요인

요 인	평 균	표준편차	최소값	최대값
화면설계 요인	3.54	.58	1.75	5.00
학습내용 요인	3.52	.53	1.67	5.00
상호작용 요인	2.68	.79	1.00	5.00
학습평가 요인	3.36	.62	1.25	5.00

화면설계 요인은 보통 수준 이상(평균 3.54)으로 화면이 전체적으로 조화롭게 구성되었고, 학습자들이 학습 콘텐츠의 질에 만족하고 있는 것으로 나타났다. 학습내용은 보통 수준 이상(평균 3.52)으로 학습목표와 학습내용이 일치하고, 학습내용이 이해하기 쉬운 것으로 조사되었다. 특히, 학습목표와 학습내용이 일치한 경우는 평균 3.93으로 나타났다. 그러나 학습내용에서 개인차에 의한 개별학습이 가능하도록 이루어졌다는 경우는 평균 3.04로 나타났다. 상호작용 요인은 보통 수준 이하(평균 2.68)로 교수자와 학습자간, 학습자간 상호작용이 원활하지 않은 것으로 나타났다. 학습평가 요인은 보통 수준 이상(평균 3.36)으로 과제의 난이도와 분량이 적절하고, 시험문제 난이도가 적절한 것으로 나타났다.

마. 학습참여도 요인

학습참여도는 원격연수 60시간을 기준으로 로그횟수, 총 학습시간, 게시판 게시 횟수, 토론방의 토론 횟수, 진도율을 조사하였다. 로그횟수는 20회 미만이 10.9%, 20회 이상－40회 미만이 36.3%, 40회 이상－60회 미만이 23.8%, 60회 이상－80회 미만이 21.1%, 80회 이상이 7.9%로 나타났다. 60시간을 기준으로 할 경우 학습자의 과반수(52.8%)가 40회 이상 로그인을 하는 것으로 나타났다(<표 Ⅳ-1-5> 참조).

<표 Ⅳ-1-5> 로그횟수

항 목	빈 도	비 율
20회 미만	107	10.9
20회 이상-40회 미만	356	36.3
40회 이상-60회 미만	233	23.8
60회 이상-80회 미만	207	21.1
80회 이상	77	7.9

총 학습시간은 〈표 Ⅳ-1-6〉와 같이 10시간 미만이 7.6%, 10시간 이상 -30시간 미만이 28.4%, 30시간 이상-50시간 미만이 27.9%, 50시간 이 상-70시간 미만이 28.2%, 70시간 이상이 7.7%로 나타났다. 60시간을 기준으로 할 경우 원격교육에서 50시간 이상이 35.9%에 불과하였다.

<표 Ⅳ-1-6> 총 학습시간

항 목	빈 도	비 율
10시간미만	75	7.6
10시간 이상-30시간 미만	279	28.4
30시간 이상-50시간 미만	274	27.9
50시간 이상-70시간 미만	277	28.2
70시간 이상	76	7.7

게시판의 게시 횟수는 〈표 Ⅳ-1-7〉와 같이 2회 미만이 49.7%, 3-4회 가 32.9%, 5-6회가 10.6%, 7-8회가 4.5%, 8회 이상이 2.3%로 나타 났다. 게시판의 게시 횟수는 절반정도가 2회 미만으로 게시판을 이용하여 학습에 참여하는 학습자가 아주 적은 것으로 조사되었다.

118

<표 Ⅳ-1-7> 게시판 게시 횟수

항 목	빈 도	비 율
2회 미만	487	49.7
3-4회	322	32.9
5-6회	104	10.6
7-8회	44	4.5
8회 이상	23	2.3

토론방 참여 횟수는 〈표 Ⅳ-1-8〉와 같이 2회 미만이 63.4%, 3-4회가 24.9%, 5-6회가 8.0%, 7-8회가 2.5%, 8회 이상이 1.1%로 나타났다. 원격교육에서 토론방에 참여 횟수는 2회 미만이 63.4%로 토론방을 통해 학습에 참여하는 학습자가 거의 없는 것으로 나타났다.

<표 Ⅳ-1-8> 토론방 참여 횟수

항 목	빈 도	비 율
2회 미만	623	63.4
3-4회	245	24.9
5-6회	79	8.0
7-8회	25	2.5
8회 이상	11	1.1

학습 진도율은 〈표 Ⅳ-1-9〉와 같이 25%미만이 9.7%, 25%이상-50%미만이 20.2%, 50%이상-75%미만이 24.9%, 75%이상-100%가 45.3%로 나타났다. 절반 정도(45.3%)만이 학습 진도를 끝까지 이수하는 것으로 조사되었다.

<표 Ⅳ-1-9> 학습 진도율

항 목	빈 도	비 율
25%미만	95	9.7
25%이상-50%미만	198	20.2
50%이상-75%미만	244	24.9
75%이상-100%	444	45.3

2. 원격교육 효과성 관련 변인들 간의 상관관계

이 연구에서 사용된 주요 변인들 사이의 상호 상관관계가 있는지 알아보기 위하여 변인들 간의 단순 상관관계를 분석한 결과는 〈표 Ⅳ-2-1〉과 같다. (1)~(3)은 학습자 수준의 학습자 요인, (4)~(5)는 학습자 수준의 학습환경 요인, (6)~(8)은 교육기관 수준의 운영자 요인, (9)~(12)는 교육기관 수준의 프로그램 요인, (13)은 학습자 수준의 학습참여도 요인, (14)~(16)는 학습자 수준의 효과성 요인을 나타낸 것이다.

예측변인과 준거변인간의 상관관계를 분석해 보면, 변인들 산의 선반적인 상관관계의 크기는 r=-.02에서 r=.53까지로 나타났다. 먼저 학습참여도와는 학업욕구 요인, 컴퓨터활용능력 요인, 자기조절학습능력 요인, 물리적환경 요인, 교수적 요인, 관리적 요인, 사회적 요인, 화면설계 요인, 학습내용 요인, 상호작용 요인, 학습평가 요인 등이 통계적으로 유의미한 정적 상관을 보이고 있다. 특히, 원격교육에서 자기조절학습능력(r=.44)은 학습참여도와 상대적으로 높은 상관이 있는 것으로 나타났다.

정보기술활용능력 향상과는 학업욕구 요인, 컴퓨터활용능력 요인, 자기조절학습능력 요인, 물리적환경 요인, 교수적 요인, 관리적 요인, 사회적 요인, 화면설계 요인, 학습내용 요인, 상호작용 요인, 학습평가 요인, 학습참여도 요인 등이 통계적으로 유의미한 정적 상관을 보이고 있다. 즉, 정보기술활용능력 향상은 학업욕구(r=.41)가 높고, 화면설계(r=.42)가 잘 이루어져 있을수록, 교수자의 능력(r=.49)이 우수할수록, 교육기관의 관리적 운영(r=.42)이 좋을수록 높은 것으로 나타났다.

현장적용도는 학업욕구 요인, 컴퓨터활용능력 요인, 자기조절학습능력 요인, 물리적환경 요인, 교수적 요인, 관리적 요인, 사회적 요인, 화면설계 요인, 학습내용 요인, 상호작용 요인, 학습평가 요인, 학습참여도 요인 등과 유의미한 정적 상관을 보이고 있다. 특히, 현장적용도는 상호작용(r=.41)요인과 상대적으로 높은 상관을 나타냈다.

자기개발기여도는 학업욕구 요인, 컴퓨터활용능력 요인, 자기조절학습능력 요인, 물리적환경 요인, 교수적 요인, 관리적 요인, 사회적 요인, 화면설계 요인, 학습내용 요인, 상호작용 요인, 학습평가 요인, 학습참여도 요인 등과 유의미한 정적 상관을 보이고 있다. 즉, 자기개발기여도는 학업욕구(r=.47)가 높을수록, 자기조절학습능력(r=.49)이 높을수록, 학습자의 물리적 환경(r=.40)이 좋을수록, 교수자의 능력(r=.53)이 우수할수록, 교육기관의 관리(r=.48)가 좋을수록, 화면설계(r=.51)가 우수할수록, 학습내용(r=.47)이 짜임새 있을수록 높은 것으로 나타났다.

한편, 학습참여도, 정보기술활용능력 향상, 현장적용도, 자기개발기여도 간의 상관관계를 보면 학습참여도는 정보기술활용능력 향상(r=.29), 현장적용도(r=.30), 자기개발기여도(r=.33) 모두와 정적인 상관관계가 있는 것으로 나타났다. 또한, 정보기술활용능력 향상과 현장적용도간 (r=.51), 정보기술활용능력 향상과 자기개발기여도간 (r=.65), 현장적용도와 자기개발기여도간 (r=.57)에는 높은 상관을 보이고 있다.

<표 IV-2-1> 원격교육 효과성 관련 변인들 간의 상관관계

구 분	(1)	(2)	(3)	(4)	(5)	(6)	(7)	(8)	(9)	(10)	(11)	(12)	(13)	(14)	(15)	(16)
(1)학업욕구	1.000															
(2)컴퓨터활용	.582***	1.000														
(3)자기조절	.649***	.476***	1.000													
(4)물리적환경	.405***	.338***	.445***	1.000												
(5)심리적환경	.001	-.051	-.008	.048	1.000											
(6)교수적 요인	.435***	.269***	.420***	.417***	-.029	1.000										
(7)관리적 요인	.405***	.282***	.458***	.463***	-.076**	.617***	1.000									
(8)사회적 요인	.098***	.013	.192***	.220***	-.030	.465***	.357***	1.000								
(9)화면설계	.339***	.198***	.344***	.433***	-.92*	.589***	.540***	.294***	1.000							
(10)학습내용	.368***	.253***	.392***	.435***	-.054*	.613***	.548***	.418***	.665***	1.000						
(11)상호작용	.026	-.053	.114***	.074*	.064*	.165***	.108***	.436***	.145***	.216***	1.000					
(12)학습평가	.297***	.200***	.360***	.361***	-.047	.489***	.490***	.420***	.547***	.624***	.265***	1.000				
(13)학습참여	.346***	.113***	.444***	.322***	.046	.252***	.256***	.189***	.145***	.151***	.223***	.202***	1.000			
(14)정보기술	.417***	.280***	.384***	.346***	.025	.493***	.422***	.279***	.426***	.398***	.238***	.395***	.297***	1.000		
(15)현장적용	.339***	.248***	.340***	.295***	.035	.343***	.284***	.367***	.279***	.349***	.414***	.355***	.300***	.512***	1.000	
(16)자기개발	.478***	.267***	.490***	.400***	-.028	.537***	.481***	.294***	.516***	.477***	.230***	.478***	.334***	.655***	.572***	1.000

* .01〈p≤.05, ** .001〈p≤.01, *** p≤.001

3. 원격교육의 효과성

정보화 원격교육의 효과성을 분석하기 위해 먼저 효과성 하위영역별 평균 및 표준편차를 분석하였고, 학습자의 배경특성, 교육기관의 유형에 따라 차이가 있는지를 분석하였으며, 학습자의 학습참여도에 따라 효과성에 어떤 차이가 있는가를 분석하였다.

가. 효과성의 하위영역별 평균

1) 정보기술활용능력 향상

원격교육 효과성 중 정보기술활용능력 향상은 정보화 지식의 향상, 정보분석능력 향상, 컴퓨터 및 인터넷 활용능력 향상, 다양한 프로그램 실행능력의 향상, 정보화 기술 적용능력의 향상 등 다섯 가지 하위영역으로 구분하여 살펴보았다(〈표 IV-3-1〉 참조). 정보기술활용능력 향상은 보통 수준 이상(평균 3.36점)인 것으로 나타났다. 정보화 지식의 평균이 3.45, 정보화 분석능력 향상이 3.28, 컴퓨터 및 인터넷 활용능력 향상이 3.44, 다양한 프로그램 실행능력의 향상이 3.29, 정보화기술 적용능력의 향상이 3.38점으로 나타났다.

<표 Ⅳ-3-1> 정보기술활용능력 하위영역별 효과 분석

(단위: 명)

구 분	매우 그렇지 않다	그렇지 않다	보통 이다	대체로 그렇다	매우 그렇다	계	평 균	표준편차
정보화 지식의 향상	8 (0.8)	80 (8.2)	398 (40.6)	450 (45.9)	44 (4.5)	980 (100.0)	3.45	.74
정보분석능력 향상	9 (0.9)	110 (11.2)	487 (49.6)	345 (35.1)	31 (3.2)	982 (100.0)	3.28	.74
컴퓨터 및 인터넷 활용능력 향상	6 (0.6)	97 (9.9)	391 (39.8)	435 (44.3)	53 (5.4)	982 (100.0)	3.44	.77
다양한 프로그램 실행능력의 향상	8 (0.8)	120 (12.2)	478 (48.7)	331 (33.7)	45 (4.6)	982 (100.0)	3.29	.77
정보화 기술 적용능력의 향상	7 (0.7)	110 (11.2)	413 (42.1)	406 (41.2)	45 (4.6)	980 (100.0)	3.38	.77
계							3.37	.76

2) 현장적용도

원격교육 효과성 중 현장적용도는 수업현장에 적용, 교수-학습 자료개발에 적용, 학생지도에 적용, 학교업무처리에 적용, 교과상담에 적용, 학급운영에 적용 등으로 구분하여 살펴보았다(〈표 Ⅳ-3-2〉 참조〉). 현장저용도가 보통 수준 이상(평균 3.18)으로 나타났다. 수업현장 적용 평균이 3.26, 교수-학습 자료개발 적용이 3.19, 학생지도 적용이 3.25, 학교업무처리 적용이 3.31, 교과상담 적용이 2.98, 학급운영 적용이 3.15로 나타났다. 정보화 원격교육 이수 후에 학교 업무처리 적용도와 수업현장의 적용도가 상대적으로 높은 것으로 나타났다.

<표 Ⅳ-3-2> 현장적용도 하위영역별 효과 분석

(단위: 명)

구 분	매우 그렇지 않다	그렇지 않다	보통 이다	대체로 그렇다	매우 그렇다	계	평 균	표준편차
수업현장에 적용	11 (1.1)	146 (14.9)	429 (43.7)	366 (37.2)	29 (2.9)	981 (100.0)	3.26	.81
교수-학습 자료개발에 적용	10 (1.0)	173 (17.6)	446 (45.5)	326 (33.2)	26 (2.7)	981 (100.0)	3.19	.80
학생지도에 적용	9 (0.9)	187 (19.0)	394 (40.1)	331 (33.7)	61 (6.2)	982 (100.0)	3.25	.77
학교업무처리에 적용	20 (2.0)	140 (14.3)	398 (40.5)	359 (36.5)	65 (6.6)	982 (100)	3.31	.79
교과상담에 적용	22 (2.2)	252 (25.6)	474 (48.2)	191 (19.4)	44 (4.5)	983 (100.0)	2.98	.85
정보화 기술을 학급운영에 적용	23 (2.3)	202 (20.6)	413 (42.1)	289 (29.5)	54 (5.5)	981 (100.0)	3.15	.80
계							3.18	.80

3) 자기개발기여도

　원격교육 효과성 중 자기개발기여도는 자기개발, 도전의식, 성취감, 배움의 기쁨, 원격연수의 보람 등으로 구분하여 살펴보았다(〈표 Ⅳ-3-3〉 참조). 자기개발기여도는 상당히 높은 수준(평균 3.58점)으로 나타났다. 각 하위영역별로 전문성 향상 도움의 평균이 3.68, 도전의식의 함양이 3.48, 성취감이 3.58, 배움의 기쁨이 3.60, 원격연수의 보람이 3.57로 나타났다. 정보화 원격교육이 상대적으로 자기 계발에 높게 기여하고 있는 것으로 나타났다.

<표 Ⅳ-3-3> 자기개발기여도 하위영역별 효과 분석

(단위: 명)

구 분	매우 그렇지 않다	그렇지 않다	보통 이다	대체로 그렇다	매우 그렇다	계	평균	표준편차
자기개발에 도움	4 (0.4)	41 (4.2)	315 (32.1)	523 (53.3)	98 (10.0)	981 (100.0)	3.68	.73
도전의식이 함양	6 (0.6)	95 (9.7)	376 (38.3)	428 (43.6)	77 (7.8)	982 (100.0)	3.48	.79
성취감	8 (0.8)	84 (8.6)	338 (34.5)	437 (44.5)	114 (11.6)	982 (100.0)	3.58	.84
배움의 기쁨	5 (0.5)	92 (9.4)	313 (31.8)	453 (46.1)	120 (12.2)	981 (100.0)	3.60	.84
원격연수가 보람된 일	9 (0.9)	72 (7.3)	354 (35.9)	446 (45.5)	99 (10.1)	980 (100.0)	3.57	.81
계							3.58	.80

나. 학습자의 배경특성별 원격교육 효과의 차이

학습자의 배경특성별로 원격교육 효과성에 어떤 차이가 있는지를 분석한 결과는 다음과 같다.

1) 학습자의 배경특성별 정보기술활용능력 향상의 차이

학습자의 배경특성별 정보기술활용능력 향상의 차이는 〈표 Ⅳ-3-4〉와 같다. 정보기술활용능력 향상의 무선효과는 학습자 수준의 분산이 .33이고, 교육기관 수준의 분산이 .02로 나타나 학습자 개인의 특성과 교육기관의 특성에 따라 차이가 있는 것을 알 수 있다. 이러한 결과는 교육기관 수준 분산이 차지하는 비율을 나타내는 집단내 상관계수(Intraclass Correlation Coefficient; ICC)[16]를 산출할 수 있게 해 주며, 7.2%가 교육기관간 차이에 의한 것이고, 92.8%가 동일 교육기관 내에서 학습자들의 개인적 특성의 차이에 의한 것이라는 정보를 제공한다.

정보기술활용능력 향상의 고정효과를 살펴보면, 근무지역별로는 광역시에 근무하는 교사($\gamma = .16$)[17]가 군·읍·면 지역에 근무하는 교사보다 정보기술활용능력이 통계적으로 유의미하게 더 많이 향상된 것으로 나타났다. 직위별로는 부장교사(.13)가 평교사보다 정보기술활용능력이 통계적으로 유의미하게 더 많이 향상된 것으로 나타났다. 또한, 원격교육 수강 강좌수(.09)가 많을수록 정보기술활용능력이 통계적으로 유의미하게 더 많이 향상된 것으로 나타났다. 그러나 학력, 학교급, 교직경력에 따라서는 정보기술활용능력 향상 정도에 통계적으로 유의미한 차이가 나타나지 않았다.

---

16) 집단내 상관계수(ICC)는 종속변수의 전체분산 중에서 교육기관 수준의 분산과 학습자 수준의 분산이 차지하는 비율을 의미한다.

17) 위계적선형모형 분석의 결과는 고정효과로 γ를 표시한다. 이하 내용에서는 γ를 모두 생략하였다.

<표 Ⅳ-3-4> 학습자의 배경특성별 정보기술활용능력 향상 정도 차이

고정효과(모수)	회귀계수	표준오차	t	자유도	p
절 편	3.356	.033	10.510***	33	.000
성별	.004	.048	.103	896	.918
서울	.150	.144	1.042	896	.298
광역시	.165	.088	1.863*	896	.062
중소도시	.113	.081	1.394	896	.163
중학교	-.010	.061	-.176	896	.861
고등학교	-.045	.065	-.687	896	.492
부장교사	.139	.050	2.761***	896	.006
교감, 교장	.014	.137	.104	896	.918
교직경력	-.004	.018	-.269	896	.788
학력	.031	.030	1.023	896	.307
수강 강좌수	.097	.027	3.477***	896	.001
무선효과(모수)	표준편차	분 산	자유도	χ^2	p
교육기관 수준(τ)	.162	.026	33	83.275***	.000
학습자 수준(σ^2)	.617	.331			

* .05⟨p≤.1, ** .01⟨p≤.05, *** p≤.01

$$\text{교육기관 수준 변량비(ICC)} = \frac{\tau}{\tau + \sigma^2} = \frac{.026}{.026 + .331} \times 100 = 7.2(\%)$$

$$\text{학습자 수준 변량비(1-ICC)} = \frac{\sigma^2}{\tau + \sigma^2} = \frac{.331}{.026 + .331} \times 100 = 92.8(\%)$$

2) 학습자의 배경특성별 현장적용도의 차이

학습자의 배경특성별 현장적용도의 차이는 〈표 Ⅳ-3-5〉와 같다. 현장적
용도의 무선효과는 학습자 수준의 분산이 .37이고, 교육기관 수준의 분산
이 .01로 학습자 개인의 특성과 교육기관의 특성에 따라 차이가 있는 것
을 알 수 있다. 이것은 현장적용도의 4.3%가 교육기관간 차이에 의한 것
이고, 95.7%가 동일 교육기관 내에서 학습자들의 개인적 특성 차이에 의

128

한 것임을 알려준다.

현장적용도의 고정효과를 살펴보면, 성별(-.08)은 통계적으로 유의미하게 나타났는데, 이는 여교사가 남교사보다 학습 결과를 현장에 낮게 적용한다는 것을 의미한다. 근무하는 지역별로는 서울(.23), 광역시(.21), 중소도시(.18)에 근무하는 교사가 군·읍·면 지역에 근무하는 교사보다 현장적용도가 더 높았고, 학교급별로는 중학교(-.12), 고등학교(-.26)에 근무하는 교사들이 초등학교 교사들보다 현장적용도가 더 낮은 것으로 나타났다. 학력(.05)이 높을수록 현장적용도가 높았고, 수강 강좌수(.09)가 많을수록 현장적용도에 더 효과적임을 알 수 있었다. 그러나 직위, 교직경력은 현장적용도에 통계적으로 유의미한 차이가 나타나지 않았다.

<표 Ⅳ-3-5> 학습자의 배경특성별 현장적용도 차이

고정효과(모수)	회귀계수	표준오차	t	자유도	p
절 편	3.182	.029	107.402***	33	.000
성별	-.083	.040	-2.044**	896	.041
서울	.239	.132	1.808*	896	.070
광역시	.219	.101	2.165**	896	.030
중소도시	.181	.108	1.669*	896	.095
중학교	-.120	.056	-2.137**	896	.032
고등학교	-.263	.050	-5.206***	896	.000
부장교사	.031	.051	.602	896	.547
교감, 교장	-.093	.156	-.601	896	.548
교직경력	.012	.018	.690	896	.490
학력	.054	.028	1.924*	896	.054
수강 강좌수	.093	.028	3.240***	896	.002
무선효과(모수)	표준편차	분산	자유도	χ^2	p
교육기관 수준(τ)	.133	.017	33	68.547***	.000
학습자 수준(σ^2)	.612	.374			

* .05⟨p≤.1, ** .01⟨p≤.05, *** p≤.01

3) 학습자의 배경특성별 자기개발기여도의 차이

학습자의 배경특성별 자기개발기여도의 차이는 〈표 Ⅳ-3-6〉과 같다. 자기개발기여도의 무선효과는 학습자 수준의 분산이 .41, 교육기관 수준의 분산이 .02로 나타나 학습자 개인의 특성과 교육기관 특성에 따라 차이가 있는 것을 알 수 있다. 이것은 자기개발기여도의 4.6%는 교육기관 간의 차이이고, 95.4%는 동일 교육기관 내의 학습자들 간의 개인적인 특성 차이로 설명할 수 있다.

자기개발기여도의 고정효과를 살펴보면, 성별로는 여교사(.10)가 남교사에 비해 통계적으로 유의미하게 자기개발기여도가 높은 것으로 나타났다. 근무하는 지역별로는 광역시(.17)가 군·읍·면 지역보다 통계적으로 유의미하게 자기개발기여도가 높게 나타났으며, 직급별로는 부장교사(.12)가 평교사보다 통계적으로 유의미하게 자기개발기여도가 높은 것으로 나타났다. 또한, 원격교육 수강 강좌수(.10)가 많을수록 통계적으로 유의미하게 자기개발기여도가 높은 것으로 나타났다. 그 외 학교급, 교직경력, 학력에 따라서는 자기개발기여도에 통계적으로 유의미한 차이가 나타나지 않았다.

<표 Ⅳ-3-6> 학습자의 배경변인별 자기개발기여도 차이

고정효과(모수)	회귀계수	표준오차	t	자유도	p
절 편	3.563	.032	111.071***	33	.000
성별	.109	.047	2.284**	896	.022
서울	.127	.139	.911	896	.363
광역시	.176	.091	1.928*	896	.053
중소도시	.121	.093	1.302	896	.193
중학교	.037	.063	.582	896	.560
고등학교	-.019	.082	-.243	896	.808
부장교사	.123	.052	2.370**	896	.018
교감, 교장	.101	.107	.937	896	.349
교직경력	.012	.022	.561	896	.575
학력	.019	.032	.612	896	.540
수강 강좌수	.106	.035	2.958***	896	.004

무선효과(모수)	표준편차	분산	자유도	χ^2	p
교육기관 수준(τ)	.143	.020	33	71.158***	.000
학습자 수준(σ^2)	.640	.410			

* .05〈p≤.1, ** .01〈p≤.05, *** p≤.01

다. 교육기관별 원격교육 효과의 차이

시·도교육청 원격연수원을 참조변수로 하여 교육기관에 따라 원격교육 효과에 차이가 있는지를 분석한 결과는 다음과 같다.

1) 교육기관별 정보기술활용능력 향상 정도의 차이

교육기관별 정보기술활용능력 향상 정도 차이는 〈표 Ⅳ-3-7〉와 같다.

정보기술활용능력 향상 정도는 학습자 수준의 분산이 .39이고, 교육기관 수준의 분산은 .02로 학습자 개인의 특성과 교육기관 특성에 따라 차이가 있는 것으로 볼 수 있다. 이 분산은 정보기술활용능력 향상 정도 차이의 6.0%가 교육기관 간의 차이이고, 94.0%가 동일 교육기관에서 학습자 개인의 차이라는 것을 알려준다. 정보기술활용능력 향상에 있어 민간단체 원격연수원(.13)이 통계적으로 유의미하게 나타났는데, 이는 민간단체 원격연수원이 시·도교육청 원격연수원보다 정보기술활용능력을 향상시키는 데 더 효과적이라는 것을 나타낸다.

<표 Ⅳ-3-7> 교육기관별 정보기술활용능력 향상 정도 차이

고정효과(모수)	회귀계수	표준오차	t	자유도	p
절 편	3.349	.034	96.441***	31	.000
대학부설 원격연수원	-.087	.130	-.674	31	.505
민간단체 원격연수원	.139	.049	2.834***	31	.008
무선효과(모수)	표준편차	분 산	자유도	χ^2	p
교육기관 수준(τ)	.158	.025	31	76.783***	.000
학습자 수준(σ^2)	.624	.390			

* .05〈p≤.1, ** .01〈p≤.05, *** p≤.01

2) 교육기관별 현장적용도의 차이

교육기관별 현장적용도의 차이는 〈표 Ⅳ-3-8〉과 같다. 현장적용도에 있어서 학습자 수준의 분산이 .38이고, 교육기관 수준의 분산이 .02로 학습자 개인의 특성과 교육기관 특성에 따라 차이가 있는 것을 볼 수 있다. 이 분산은 교육기관별 현장적용도에서 5.1%가 교육기관 간의 차이이고, 94.9%가 동일 교육기관 내에서 학습자 개인의 차이임을 알려준다. 현장적용도에 있어 민간단체 원격연수원(.19)이 통계적으로 유의미한 것으로 나타났는데, 이는 민간단체 원격연수원이 시·도교육청 원격연수원보다 현장적용도를 높이는데 더 효과적이라는 것을 나타낸다.

<표 Ⅳ-3-8> 교육기관별 현장적용도 차이

고정효과(모수)	회귀계수	표준오차	t	자유도	p
절 편	3.172	.031	10.539***	31	.000
대학부설 원격연수원	-.108	.109	-.987	31	.332
민간단체 원격연수원	.191	.056	3.409***	31	.002
무선효과(모수)	표준편차	분 산	자유도	χ^2	p
교육기관 수준(τ)	.145	.021	31	71.223***	.000
학습자 수준(σ^2)	.620	.385			

* .05〈p≤.1, ** .01〈p≤.05, *** p≤.01

3) 교육기관별 자기개발기여도의 차이

교육기관별 자기개발기여도의 차이는 〈표 Ⅳ-3-9〉와 같다. 자기개발기여도에 있어서 학습자 수준의 분산이 .42이고, 교육기관 수준의 분산이 .01로 개인뿐만 아니라 교육기관의 특성에 따라 차이가 있는 것으로 볼 수 있다. 이 분산은 교육기관별 자기개발기여도의 3.4%가 교육기관 간의 차이이고, 96.6%가 동일 교육기관 내에서 학습자들간 개인적 특성의 차이임을 알려준다.

자기개발기여도에 있어 민간단체 원격연수원(.19)이 통계적으로 유의미한 것으로 나타났는데, 이는 민간단체 원격연수원이 시·도교육청 원격연수원보다 자기개발기여도를 높이는데 더 효과적이라는 것을 나타낸다.

<표 Ⅳ-3-9> 교육기관별 자기개발기여도 차이

고정효과(모수)	회귀계수	표준오차	t	자유도	p
절 편	3.554	.031	114.402***	31	.000
대학부설 원격연수원	-.095	.117	-.810	31	.424
민간단체 원격연수원	.191	.043	4.570***	31	.000
무선효과(모수)	표준편차	분 산	자유도	χ^2	p
교육기관 수준(τ)	.123	.015	31	71.223***	.000
학습자 수준(σ^2)	.649	.421			

* .05〈p≤.1, ** .01〈p≤.05, *** p≤.01

라. 학습참여도에 따른 원격교육 효과의 차이

1) 학습참여도에 따른 정보기술활용능력 향상의 차이

학습참여도에 따른 정보기술활용능력 향상의 차이는 〈표 Ⅳ-3-10〉와 같다. 학습참여도는 학습자 수준의 분산이 .60이고, 교육기관 수준의 분산이 .14로 나타났다. 학습참여도에 따른 정보기술활용능력 향상은 3.4%가 교육기관 간의 차이이고, 96.6%가 동일 교육기관 내에서 학습자들의 개인적 특성의 차이에 의한 것이다. 학습참여도(.27)는 정보기술활용능력 향상에 통계적으로 유의미한 정적 영향을 미치는 것으로 나타났다.

<표 Ⅳ-3-10> 학습참여도에 따른 정보기술활용능력 향상 정도 차이

고정효과(모수)	회귀계수	표준오차	t	자유도	p
절 편	3.352	.031	105.113***	33	.000
학습참여도	.271	.049	6.620***	906	.000
무선효과(모수)	표준편차	분 산	자유도	χ^2	p
교육기관 수준(τ)	.141	.019	33	77.417***	.000
학습자 수준(σ^2)	.601	.360			

* .05〈p≤.1, ** .01〈p≤.05, *** p≤.01

2) 학습참여도에 따른 현장적용도의 차이

학습참여도에 따른 현장적용도의 차이는 〈표 Ⅳ-3-11〉와 같다. 학습참여도는 학습자 수준의 분산이 .36이고, 교육기관 수준의 분산이 .01로 나타났다. 분산은 학습참여도에 따라 현장적용도의 3.4%가 교육기관 간의 차이이고, 96.6%가 동일 교육기관 내에서 학습자들간 개인적 특성의 차이임을 알려준다. 학습참여도(.26)가 현장적용도에 통계적으로 유의미한 정적 영향을 미치는 것으로 나타났다.

<표 Ⅳ-3-11> 학습참여도에 따른 현장적용도의 차이

고정효과(모수)	회귀계수	표준오차	t	자유도	p
절 편	3.178	.028	11.118***	33	.000
학습참여도	.261	.040	6.496***	906	.000
무선효과(모수)	표준편차	분 산	자유도	χ^2	p
교육기관 수준(τ)	.117	.013	33	65.127***	.001
학습자 수준(σ^2)	.602	.362			

* .05〈p≤.1, ** .01〈p≤.05, *** p≤.01

3) 학습참여도에 따른 자기개발기여도의 차이

학습참여도에 따른 자기개발기여도의 차이는 〈표 Ⅳ-3-12〉와 같다. 학습참여도는 학습자 수준의 분산이 .38이고, 교육기관 수준의 분산은 .01로 학습자의 개인 수준과 교육기관 수준에서 따라 차이가 있는 것으로 나타났다. 이 분산은 자기개발기여도의 3.1%가 교육기관 간의 차이이고, 96.9%가 학습자들의 개인적인 특성에 의한 것임을 알려준다. 학습참여도(.31)는 자기개발기여도에 통계적으로 유의미한 것으로 나타났는데, 학습참여도가 높을수록 자기개발기여도가 더 크게 향상된 것으로 나타났다.

〈표 Ⅳ-3-12〉 학습참여도에 따른 자기개발기여도의 차이

고정효과(모수)	회귀계수	표준오차	t	자유도	p
절 편	3.351	.028	124.088***	33	.000
학습참여도	.314	.036	8.596***	906	.000
무선효과(모수)	표준편차	분 산	자유도	χ^2	p
교육기관 수준(τ)	.113	.012	33	62.181**	.002
학습자 수준(σ^2)	.619	.383			

* .05〈p≤.1, ** .01〈p≤.05, *** p≤.01

마. 요약 및 논의

이 장에서는 원격교육의 효과성을 분석하였고, 학습자의 배경변인별, 교육기관 유형별, 학습참여도에 따른 효과의 차이를 살펴보았고(〈표 Ⅳ-3-13〉 참조), 이를 통해 나타난 결과를 다음과 같이 요약하였다.

첫째, 정보화 원격교육을 통한 정보기술활용능력 향상은 보통 수준 이상(평균 3.36)으로 나타났다. 정보기술활용능력 향상의 분산은 교육기관 수

준과 학습자 수준간 각각 7.2%, 92.8%로 나타났다. 학습자의 배경특성별로 정보기술활용능력 향상에 유의미한 차이가 있는지를 분석한 결과, 근무하는 지역별로는 광역시에 근무하는 교사가 군·읍·면에서 근무하는 교사보다, 부장교사가 평교사보다, 원격교육 수강 강좌수가 많을수록 정보기술활용능력 향상도가 더 높은 것으로 나타났다. 그러나 학력, 학교급별, 교직경력별로는 통계적으로 유의미한 차이가 나타나지 않았다. 교육기관 유형별로는 민간단체 원격연수원이 다른 연수원보다 정보기술활용능력 향상에 더 많은 도움이 된 것으로 나타났다. 또한, 학습참여도가 높을수록 정보기술활용능력이 더 크게 향상된 것으로 나타났다.

둘째, 정보화 원격교육 내용의 현장적용도는 보통 수준 이상(평균 3.18)으로 나타났다. 현장적용도의 분산은 교육기관 수준과 학습자 수준간 각각 4.3%, 95.7%로 나타났다. 학습자의 배경특성별로 현장적용도에 유의미한 차이가 있는지를 분석한 결과, 남교사가 여교사보다, 근무하는 지역별로는 서울, 광역시, 중소도시 교사가 군·읍·면 지역에서 근무하는 교사보다, 학교급별로는 초등학교 교사가 중학교, 고등학교 교사보다 현장적용도가 더 높았다. 학력이 높을수록, 수강 강좌수가 많을수록 현장적용도가 더 높은 것으로 나타났다. 그러나 직위, 교직경력별로는 통계적으로 유의미한 차이가 나타나지 않았다. 교육기관별로는 민간단체 원격연수원이 다른 원격교육 연수원보다 현장적용도에 더 효과적인 것으로 나타났다. 그리고 학습참여도가 높을수록 현장적용도에 더 크게 향상된 것으로 나타났다.

셋째, 정보화 원격교육의 자기개발기여도는 보통 수준 이상(평균 3.58)으로 나타났다. 자기개발기여도의 분산은 교육기관 수준과 학습자 수준간 각각 4.6%, 95.4%로 나타났다. 학습자의 배경특성별로 자기개발기여도에 유의미한 차이가 있는지를 분석한 결과, 여교사가 남교사보다, 근무하는 지역별로는 광역시에 근무하는 교사가 군·읍·면 지역에서 근무하는 교사보다, 직급별로는 부장교사가 평교사보다, 원격교육 수강 강좌수가 많을수록 자기개발기여도가 더 높은 것으로 나타났다. 그 외 교직경력, 학력

등은 통계적으로 유의미한 차이를 보이지 않았다. 교육기관별로는 민간단체 원격연수원이 다른 연수원보다 자기개발기여도에 보다 효과적인 것으로 나타났다. 그리고 학습참여도가 높을수록 자기개발기여도에 도움이 되는 것으로 나타났다.

학습자의 배경특성별, 교육기관 유형별, 학습참여도에 따른 효과의 차이 분석결과, 학습자의 배경특성별로는 대도시에 근무하는 교사가 군·읍·면 지역에 근무하는 교사보다 원격교육의 효과가 더 높고, 원격 수강 강좌수를 많이 이수할수록 학습의 효과가 더 높게 나타남을 알 수 있다. 또한, 초등학교 교사가 중학교, 고등학교 교사에 비해 정보활용 비율이 더 높게 나타났는데, 이는 '초등학교 교사가 학교 현장에서 정보활용능력을 중요하게 인식하고 있다'는 최유현외(2004)의 연구와 일치된 결과를 보였다. 그리고 여교사가 남교사에 비해 현장적용도가 낮고, 자기개발기여도가 높게 나타난 것은 정보화 원격연수를 통해 학교 현장에서 활용하기 보다는 자기개발에 노력하고 있음을 보여준다.

교육기관의 유형별로 볼 때, 민간단체 원격연수원이 시·도교육청 원격연수원보다 교육적 효과가 높은 것으로 나타났는데, 이는 민간단체 원격연수원의 프로그램의 질이 우수하다는 것을 보여준다.

학습참여도에 따라 효과성에 유의미한 차이를 보였는데, 학습참여도가 높을수록 효과성도 증진되었다는 정영식(2004)의 연구와 일치된 결과를 보였다.

<표 Ⅳ-3-13> 학습자 변인별, 교육기관 유형, 학습참여도에 따른
효과성의 차이

예측변인	준거변인	정보기술활용 능력 향상	현장 적용도	자기개발 기여도
학습자의 배경특성별	-성별			
	남			
	여		-	+
	-근무하는 지역			
	서울		+	
	광역시	+	+	+
	중소도시		+	
	군·읍·면			
	-학교설립유형			
	초등학교			
	중학교		-	
	고등학교		-	
	-직위별			
	교사			
	부장교사	+		+
	교감, 교장			
	-교직경력			
	-학력		+	
	-수강 강좌수	+	+	+
	집단내 상관계수(ICC)			
	교육기관 수준	7.28%	4.35%	4.65%
	학습자 수준	92.72%	95.65%	95.35%
교육기관 유형	-교육기관 유형			
	시·도교육청 원격연수원			
	대학부설 원격연수원			
	민간단체 원격연수원	+	+	+
	집단내 상관계수(ICC)			
	교육기관 수준	6.02%	5.17%	3.07%
	학습자 수준	93.98%	94.83%	96.93%
학습참여도	-학습참여도	+	+	+
	집단내 상관계수(ICC)			
	교육기관 수준	5.00%	3.46%	4.65%
	학습자 수준	95.00%	96.54%	95.35%

주) + 정적관계를 나타냄, - 부적관계를 나타냄.

4. 원격교육 효과성에 영향을 미치는 요인

원격교육 효과성에 영향을 미치는 요인을 분석하기 위하여 〔그림 Ⅲ-1-1〕의 연구개념 모형에 따라 먼저 학습참여도에 영향을 미치는 요인들을 분석하였다. 이후 세 개의 준거변인(정보기술활용능력 향상, 현장적용도, 자기개발기여도)에 대해 기초모형, 중간모형, 연구모형으로 나누어 분석하였으며, 투입변인, 과정변인, 매개변인의 독립적 영향을 검토하기 위하여 단계별 분석을 실시하였다. 또한, 구조방정식모형을 통해 원격교육 효과성 관련 요인들이 영향을 미치는 경로 및 직·간접 영향을 살펴보았다.

가. 학습참여도에 영향을 미치는 요인

1) 기초모형(null model) 분석

기초모형은 각 준거변인에 대해 학습자 수준과 교육기관 수준의 변인이 차지하는 변량을 분할해 낼 수 있는 것으로 학습자 수준과 교육기관 수준의 변인들을 투입하지 않고 분석한 것이다. 기초모형은 고정효과와 무선효과로 나누어서 제시되는데, 고정효과는 모수 추정치인 절편이 2.43이고, 표준오차는 .05로 나타났다. 여기서 절편의 의미는 전체 학습자들의 학습참여도 평균을 의미한다.

무선효과는 학습자 수준의 분산이 .39이고, 교육기관 수준의 분산이 .03으로 나타났다. 즉, 학습자들의 학습참여도는 학습자 개인의 특성과 교육기관 특성에 따라 차이가 있다고 말할 수 있다. 전체분산 중 교육기관 수준 분산이 차지하는 비율을 나타내는 집단내 상관계수(Intraclass Correlation Coefficient; ICC)에 의하면 16.4%가 교육기관 간의 차이에 기인한 것이고, 83.6%가 학습자 개인적인 특성의 차이에 기인한 것으로 나타났다(〈표

140

Ⅳ-4-1〉 참조).

<표 Ⅳ-4-1> 학습참여도의 기초모형 분산

고정효과(모수)	회귀계수	표준오차	t	p
절 편	2.434	.054	44.936***	.000
무선효과(모수)	분 산	자유도	χ^2	p
교육기관 수준(τ)	.083	33	183.782***	.000
학습자 수준(σ^2)	.421			

* .05〈p≤.1, ** .01〈p≤.05, *** p≤.01

2) 연구모형(full model) 분석

연구모형을 통하여 학습자 수준과 교육기관 수준의 투입요인과 과정요인이 학습참여도에 어떤 영향을 미치는지 분석하였다. 학습참여도의 무선효과에서 학습자 수준의 분산이 .30, 교육기관 수준의 분산이 .002로 나타났으나 교육기관 수준의 분산은 통계적으로 유의미하지 않았다(〈표 Ⅳ-4-2〉 참조).

<표 Ⅳ-4-2> 학습참여도의 연구모형 분산

무선효과	표준편차	분 산	자유도	χ^2	p
교육기관 수준(τ)	.046	.002	24	28.304	.247
학습자 수준(σ^2)	.552	.305			

* .05〈p≤.1, ** .01〈p≤.05, *** p≤.01

학습참여도에 통계적으로 유의미한 영향을 미치는 학습자 수준의 변인은 광역시, 부장교사, 학력, 수강 강좌수, 학업욕구 요인, 컴퓨터활용능력 요인, 자기조절학습능력 요인, 물리적환경 요인 등으로 나타났다. 지역별로는 군·읍·면 지역에 근무하는 교사가 광역시(-.15)에 근무하는 교사보다, 직위별로는 부장교사(.08)가 평교사보다 학습참여도가 높았고, 학력(.06)이 높을수록, 수강 강좌수(.14)가 많을수록 학습참여도가 높게 나타났다. 학습욕구(.09)가 높을수록, 자기조절학습능력(.34)이 높을수록, 물리적환경(.12)이 좋을수록 학습참여도가 높게 나타났다. 그러나 컴퓨터활용능력(-.15)은 학습참여도에 부적 영향을 미치는 것으로 나타났다.

학습참여도에 영향을 미치는 교육기관 수준의 변인은 교육기관의 유형, 관리적 요인, 학습내용 요인, 상호작용 요인 등으로 나타났다. 교육기관 유형은 민간단체 원격연수원(.13)에서 원격교육을 이수한 교사가 시·도 교육청 원격연수원에서 이수한 교사보다 학습참여도가 높은 것으로 나타났다. 운영자의 관리적 요인(.55)이 우수할수록, 상호작용(.25)이 많을수록 학습참여도가 높게 나타났다. 그러나 학습내용 요인(-1.01)은 학습참여도에 부적 영향을 미치는 것으로 나타났다(〈표 Ⅳ-4-3〉 참조).

<표 Ⅳ-4-3> 학습참여도에 대한 위계적선형모형 분석 결과

고정효과	회귀계수	표준오차	t	자유도	p
교육기관 수준					
절 편	2.430	.015	153.126***	24	.000
대학부설 원격연수원	.081	.066	1.221	24	.401
민간단체 원격연수원	.134	.054	2.491**	24	.020
교수적 요인	-.033	.172	-.192	24	.849
관리적 요인	.556	.141	3.950***	24	.001
사회적 요인	.208	.151	1.379	24	.181
화면설계 요인	-.295	.189	-1.558	24	.132
학습내용 요인	-1.018	.255	-3.992***	24	.001
상호작용 요인	.252	.137	1.830*	24	.079
학습평가 요인	.224	.179	1.247	24	.225
학습자 수준					
성별	-.055	.050	-1.089	882	.277
서울	-.118	.119	-.989	882	.323
광역시	-.153	.078	-1.949*	882	.051
중소도시	-.086	.082	-1.044	882	.297
중학교	.004	.053	.076	882	.940
고등학교	-.051	.066	-.768	882	.442
부장교사	.084	.037	2.232**	882	.026
교감, 교장	.015	.103	.146	882	.885
교직경력	.018	.017	1.033	882	.302
학력	.064	.023	2.735***	882	.007
수강 강좌수	.145	.030	4.701***	882	.000
학업욕구 요인	.094	.039	2.403**	882	.016
컴퓨터활용능력 요인	-.157	.041	-3.780***	882	.000
자기조절학습능력 요인	.341	.042	7.977***	882	.000
물리적환경 요인	.127	.039	3.238***	882	.002
심리적환경 요인	-.010	.024	-.424	882	.671

* .05〈p≤.1, ** .01〈p≤.05, *** p≤.01

나. 정보기술활용능력 향상에 영향을 미치는 요인

1) 기초모형(null model) 분석

기초모형은 각 준거변인에 대해 학습자 수준과 교육기관 수준의 변인이 차지하는 변량을 분할해 낼 수 있는 것으로 학습자 수준과 교육기관 수준의 변인들을 투입하지 않고 분석한 것이다. 기초모형은 고정효과와 무선효과로 나누어 살펴볼 수 있는데, 고정효과는 모수 추정치인 절편이 3.35이고, 표준오차가 .03으로 나타났다. 여기서 절편의 의미는 전체 학습자들의 정보기술활용능력 향상의 평균을 의미한다.

무선효과는 학습자 수준의 분산이 .39이고, 교육기관 수준의 분산이 .03으로 나타났다. 즉, 학습자들의 정보기술활용능력 향상은 학습자 개인의 특성과 교육기관 특성에 따라 차이가 있다고 볼 수 있다. 전체분산 중 교육기관 수준 분산이 차지하는 비율을 나타내는 집단내 상관계수(Intraclass Correlation Coefficient; ICC)가 7.1%로 교육기관 간의 차이에 기인하는 것이고, 92.9%가 동일 교육기관 내에서 학습자들의 개인적인 특성 차이에 기인한 것으로 나타났다(〈표 Ⅳ-4-4〉 참조).

〈표 Ⅳ-4-4〉 정보기술활용능력 향상에 대한 기초모형 분산

고정효과(모수)	회귀계수	표준오차	t	p
절 편	3.353	.036	90.778***	.000
무선효과(모수)	분 산	자유도	χ^2	p
교육기관 수준(τ)	.030	33	91.700***	.000
학습자 수준(σ^2)	.390			

* .05〈p≤.1, ** .01〈p≤.05, *** p≤.01

2) 중간모형(mean model) 분석

중간모형은 학습자 수준과 교육기관 수준에서 예측변인이 준거변인에 미치는 영향력을 알아보는 모형이다. 이 모형에 대한 위계적선형모형 분석결과를 통하여 학습자 수준과 교육기관 수준의 투입요인과 과정요인이 정보기술활용능력 향상에 어떤 영향을 미치는지 알아보았다.

정보기술활용능력 향상의 무선효과는 학습자 수준의 분산이 .31, 교육기관 수준의 분산 .01이다. 분산은 정보기술활용능력 향상에 5.1%가 교육기관 간의 차이에 의한 것이며, 94.9%가 동일 교육기관 내에서 학습자들의 개인적 특성 차이에 의한 것이다(〈표 IV-4-5〉 참조).

<표 IV-4-5> 정보기술활용능력 향상에 대한 중간모형 분산

무선효과	표준편차	분 산	자유도	χ^2	p
교육기관 수준(τ)	.132	.017	24	58.660***	.000
학습자 수준(σ^2)	.557	.310			

* .05〈p≤.1, ** .01〈p≤.05, *** p≤.01

정보기술활용능력 향상에 통계적으로 유의미한 영향을 미치는 학습자 수준의 변인은 부장교사, 학업욕구 요인, 자기조절학습능력 요인, 물리적 환경 요인 등으로 나타났다. 직위별로 부장교사(.09)가 평교사보다 정보기술활용능력 향상도가 높은 것으로 나타났으며 학습욕구(.23)가 높을수록, 자기조절학습능력(.11)이 높을수록, 물리적환경(.16)이 좋을수록 정보기술활용능력 향상에 정적 영향을 미치는 것으로 나타났다.

정보기술활용능력 향상에 통계적으로 유의미한 영향을 미치는 교육기관 수준의 변인은 과정요인인 상호작용 요인(.42)만이 정적 영향을 미치는 것으로 나타났다. 그 외 교육기관 수준의 변인들은 통계적으로 유의미한 영향을 미치지 않았다.

이 연구에서 정보기술활용능력 향상에 영향을 미치는 요인을 분석하기 위해 설정한 모형이 적절한지에 대한 정보는 누적설명분산(R^2)[18]으로 알 수 있다. 교육기관 수준의 누적설명분산(R_2^2)[19]은 .43으로서 검토한 예측변인들이 교육기관간 차이를 43.0% 설명하기 때문에 이 연구모형에서 고려하지 않은 다른 교육기관 특성변수가 정보기술활용능력 향상에 있어서 교육기관간 차이를 설명할 가능성은 57.0%에 이른다.

학습자 수준의 누적설명분산(R_1^2)[20]은 .20으로써 본 모형에서 검토한 예측변인들이 동일 교육기관내 학습자간 정보기술활용능력 향상도의 차이를 20.0%정도 설명할 수 있는 것으로 나타났다. 그리고 이 모형에서 동원한 변수들의 조합과 정보기술활용능력 향상의 상관계수 크기가 .46(R^2=.22)에 이르러 이 연구에서 수립된 위계적선형모형 분석은 정보기술활용능력 향상을 설명하는데 어느 정도 효과적임을 알 수 있었다(〈표 Ⅳ-4-6〉 참조).

---

18) 누적설명분산(R^2)은 모형의 실제적인 유용성을 평가하는 것이다.

19) $R_2^2 = \dfrac{Var(\beta_{0j}:\ null) - Var(\beta_{0j}:\ full)}{Var(\beta_{0j}:\ null)} = \dfrac{.030 - .017}{.030} = .433$

20) $R_1^2 = (\sigma_1^2 - \sigma_2^2)/\sigma_1^2 = \dfrac{.390 - .310}{.390} = .205$

<표 Ⅳ-4-6> 정보기술활용능력 향상에 대한 중간모형 위계적선형 분석 결과

고정효과	회귀계수	표준오차	t	자유도	p
교육기관 수준					
절편	3.361	.025	133.206***	24	.000
대학부설 원격연수원	-.073	.085	-.855	24	.401
민간단체 원격연수원	.050	.075	.069	24	.946
교수적 요인	.318	.289	1.100	24	.283
관리적 요인	-.005	.143	-.400	24	.692
사회적 요인	-.180	.263	-.683	24	.501
화면설계 요인	.113	.234	.485	24	.632
학습내용 요인	.194	.354	.549	24	.588
상호작용 요인	.420	.245	1.714*	24	.099
학습평가 요인	-.148	.194	-.761	24	.454
학습자 수준					
성별	-.006	.047	-.143	882	.548
서울	.156	.118	1.320	882	.187
광역시	.098	.093	1.050	882	.294
중소도시	.072	.074	.975	882	.330
중학교	-.031	.050	-.628	882	.530
고등학교	-.032	.059	-.548	882	.583
부장교사	.117	.115	1.015**	882	.037
교감, 교장	.190	.088	2.150	882	.310
교직경력	-.010	.013	-.777	882	.437
학력	-.007	.028	-.248	882	.804
수강 강좌수	.036	.023	1.546	882	.122
학업욕구 요인	.233	.038	6.136***	882	.000
컴퓨터활용능력 요인	.008	.038	.222	882	.825
자기조절학습능력 요인	.117	.047	2.486**	882	.013
물리적환경 요인	.163	.045	3.592***	882	.001
심리적환경 요인	.003	.028	.120	882	.905

* .05<p≤.1, ** .01<p≤.05, *** p≤.01

3) 연구모형(full model) 분석

연구모형은 투입과 과정요인이 매개요인인 학습참여도를 통해 정보기술활용능력 향상에 영향을 미치고, 동시에 정보기술활용능력 향상에 직접적인 영향을 미치는 것을 나타내는 분석 결과이다.

무선효과는 학습자 수준의 분산이 .30, 교육기관 수준의 분산이 .01로 학습자 개인의 특성과 교육기관의 특성에 따라 차이가 있는 것으로 볼 수 있다. 분산은 정보기술활용능력 향상 정도의 4.9%가 교육기관간 차이에 의한 것이고, 95.1%가 동일 교육기관 내에서 학습자들의 개인적 특성 차이에 의한 것이다(〈표 Ⅳ-4-7〉 참조).

〈표 Ⅳ-4-7〉 정보기술활용능력 향상에 대한 연구모형 분산

무선효과	표준편차	분 산	자유도	χ^2	p
교육기관 수준(τ)	.127	.016	24	56.581***	.000
학습자 수준(σ^2)	.555	.308			

* .05〈p≤.1, ** .01〈p≤.05, *** p≤.01

정보기술활용능력 향상에 통계적으로 유의미한 영향을 미치는 학습자 수준의 변인은 부장교사, 학업욕구 요인, 자기조절학습능력 요인, 물리적환경 요인, 학습참여도 요인 등으로 나타났다. 부장교사(.08)는 평교사보다 정보기술활용능력 향상되었고, 학업욕구(.23)가 높을수록, 자기조절학습능력(.08)이 높을수록, 물리적환경(.15)이 좋을수록 정보기술활용능력 향상에 정적 영향을 미치는 것으로 나타났다. 그리고 학습참여도(.10)가 높을수록 정보기술활용능력 향상에 정적 영향을 미치는 것으로 나타났다.

정보기술활용능력 향상에 통계적으로 유의미한 영향을 미치는 교육기관 수준의 변인은 투입과 과정변인에서 모두 나타나지 않았다. 이는 정보기술

148

활용능력 향상은 교육기관 수준보다 학습자 개인의 노력 여하에 따라 좌우
된다는 점을 시사하고 있다(〈표 Ⅳ-4-8〉 참조).

〈표 Ⅳ-4-8〉 정보기술활용능력 향상에 대한 연구모형 위계적선형 분석 결과

고정효과	회귀계수	표준오차	t	자유도	p
교육기관 수준					
절 편	3.361	.024	136.316***	24	.000
대학부설 원격연수원	-.080	.086	-.929	24	.362
민간단체 원격연수원	-.007	.076	-.099	24	.922
교수적 요인	.319	.280	1.141	24	.266
관리적 요인	-.112	.138	-.812	24	.425
사회적 요인	-.193	.264	-.733	24	.471
화면설계 요인	.142	.232	.616	24	.544
학습내용 요인	.306	.369	.830	24	.415
상호작용 요인	.386	.239	1.615	24	.119
학습평가 요인	-.178	.191	-.933	24	.361
학습자 수준					
성별	-.001	.047	-.027	881	.979
서울	.170	.119	1.431	881	.187
광역시	.111	.091	1.224	881	.221
중소도시	.080	.073	1.098	881	.273
중학교	-.032	.048	-.664	881	.506
고등학교	-.028	.056	-.511	881	.609
부장교사	.082	.042	1.911*	881	.056
교감, 교장	.118	.117	1.003	881	.316
교직경력	-.012	.013	-.918	881	.359
학력	-.013	.027	-.478	881	.632
수강 강좌수	.021	.023	.934	881	.351
학업욕구 요인	.233	.039	5.654***	881	.000
컴퓨터활용능력 요인	.025	.038	.653	881	.513
자기조절학습능력 요인	.083	.043	1.895*	881	.058
물리적환경 요인	.150	.045	3.322***	881	.001
심리적환경 요인	.004	.028	.160	881	.873
학습참여도 요인	.100	.039	2.511**	881	.012

* .05〈p≤.1, ** .01〈p≤.05, *** p≤.01

　그리고 이 연구에서 학습자들의 정보기술활용능력 향상을 분석하기 위해 설정한 모형이 적절한지에 대한 정보는 누적설명분산(R^2)으로 제시할 수 있다. 교육기관 수준의 누적설명분산은 .46으로서 검토한 예측변인들이 46.6%에 해당하는 것이 교육기관간 차이를 설명하기 때문에 이 연구에서 고려하지 않은 다른 특성변수들이 정보기술활용능력 향상 차이를 설명할 가능성은 53.4%에 이른다. 학습자 수준의 누적설명분산은 .21로서 이 연구에서 제시한 예측변인들이 동일 교육기관 내에서 학습자간 개인차에 의한 정보기술활용의 분산을 21.0% 설명하는 것으로 나타났다. 그리고 이 연구에서 동원한 변수들의 조합과 정보기술활용능력 향상의 상관계수 크기가 .49(R^2=.22)에 이르러 이 연구에서 수립된 위계적선형모형 분석은 정보기술활용능력 향상을 설명하는데 어느 정도 효과적임을 알 수 있었다.

　〈표 Ⅳ-4-9〉에서는 단계적 위계적선형모형 분석을 통해 정보기술활용능력 향상에 영향을 주는 요인을 정리하였다. 모형1은 다층구조인 교육기관 자료에서 학습자의 정보기술활용능력 향상 분산을 학습자 수준과 교육기관 수준으로 분해하기 위한 모형이다. 모형2는 학습자 수준의 투입변인들만을 포함시킨 모형이다. 모형2의 결과는 학습자투입 변인이 정보기술활용능력 향상에 미치는 효과를 추정한 결과를 제공한다. 동시에 모형1의 결과와 비교하면, 학습자들의 투입변인에 의하여 설명된 학습자 수준의 분산 비율과 교육기관 수준의 비율을 제공하여 학습자 수준 투입변인의 설명력을 파악할 수 있도록 한다.

　모형3은 학습자 수준의 투입변인과 교육기관 수준의 투입변인을 모두 포함시켜 교육기관 여건의 효과를 알아볼 수 있는 모형이다. 모형2의 결과와 비교하면 교육기관 수준의 투입변인들이 추가로 포함된 모형3은 교육기관 수준 투입변인에 의하여 설명된 교육기관 수준 분산의 비율을 제공하게 된다. 따라서 정보기술활용능력 향상에 대한 교육기관 수준 투입변인의 영향을 점검할 수 있다. 이 연구의 모형2, 3에서는 지역별로 광역시, 직위별로 부장교사, 원격교육 수강 강좌수 등에 따라 유의미한 영향을 미치는 것으로 나타났다.

　모형4는 모형3에서 학습자 수준의 과정변인을 추가하여 설정한 모형이다. 이 모형을 통하여 투입변인의 영향을 통제한 상태에서 정보기술활용능력 향상에 영향을 미치는 학습자 수준 과정변인을 탐색할 수 있다. 또한, 투입변인들이 모두 포함된 모형3의 결과와 비교하여 볼 때, 모형4의 결과는 학습자 수준 과정변인에 의하여 추가로 설명된 학습자 수준의 분산과 교육기관 수준의 분산 비율을 밝혀낼 수 있다. 이 연구의 모형4에서는 직위별로 부장교사, 수강 강좌수, 학업욕구 요인, 자기조절학습능력 요인, 물리적환경 요인 등에 따라 정보기술활용능력 향상에 유의미한 영향을 미치는 것으로 나타났다.

　모형5는 모형4에 학교수준의 과정변인까지 포함시킨 모형이다. 그리고 학습자 수준 매개변인에 의하여 추가로 설명된 이 모형은 학습자 수준과 교육기관 수준에서 투입변인 그리고 학습자의 과정변인들 효과를 통제한 후 원격교육 효과에 영향을 미치는 순수한 교육기관 수준의 과정변인들을 탐색하기 위한 모형이다. 따라서 모형5는 학습자와 교육기관 수준의 투입변인과 학습자 수준의 과정변인을 통제한 상태에서 교육기관의 과정변인 효과를 파악할 수 있다. 이 연구의 모형5에서는 직위별로 부장교사, 학업욕구 요인, 자기조절학습능력 요인, 물리적환경 요인에 따라 정보기술활용능력 향상에 유의미한 영향을 미치는 것으로 나타났다.

　모형6은 모형5에 학습자 수준의 매개변인까지 모두 포함시킨 모형이다. 이처럼 단계별 모형은 학습자 수준 및 교육기관 수준 투입변인의 효과, 과정변인의 효과, 매개변인의 효과를 각각 분리하여 추정한 정보를 제공한다. 이 연구의 모형6에서는 학업욕구 요인, 물리적환경 요인, 학습참여도 요인이 정보기술활용능력을 향상시키는데 정적인 변인으로 나타났다.

<표 IV-4-9> 정보기술활용능력 향상에 대한 단계별 위계적선형모형 분석 결과

고정효과	모형1 기초모형		모형2 학습자 수준 투입모형		모형3 모형2+교육기관 수준의 투입변인		모형4 모형3+학습자 수준의 과정요인		모형5 모형4+교육기관 수준의 과정요인		모형6 모형5+학습자 수준의 매개요인	
	회귀계수	표준오차	회귀계수	표준오차	회귀계수	표준오차	회귀계수	표준오차	회귀계수	표준오차	회귀계수	표준오차
학습자 수준 변인												
전체 평균	3.353***	.036	3.356***	.333	3.353***	.033	3.360***	.028	3.361***	.025	3.361***	.024
인구통계요인												
성별			.004	.048	.004	.048	-.009	.047	-.006	.047	-.001	.047
서울			.150	.144	.141	.145	.122	.114	.156	.118	.170	.119
광역시			.165*	.088	.158*	.090	.092	.092	.098	.093	.111	.091
중소도시			.113	.081	.112	.081	.067	.074	.072	.074	.080	.073
중학교			.113	.081	-.009	.059	-.037	.051	-.031	.050	-.032	.048
고등학교			-.045	.065	-.040	.065	-.033	.061	-.032	.059	-.028	.056
부장교사			.139***	.050	.137***	.051	.087*	.045	.117**	.043	.082*	.042
교감, 교장			.014	.137	.001	.316	.131	.117	.190	.115	.118	.117
교직경력			-.004	.018	-.005	.017	-.008	.015	-.010	.013	-.012	.013
학력			.031	.030	.029	.030	-.007	.028	-.007	.028	-.013	.027
수강 강좌수			.097***	.027	.095***	.028	.039*	.021	.036	.023	.021	.023
학습자 요인												
학업욕구							.234***	.036	.233***	.038	.223***	.039
컴퓨터활용능력							.003	.037	.008	.038	.025	.038
자기조절학습능력							.121**	.047	.117**	.047	.083*	.043
물리적환경 요인							.170***	.044	.163***	.045	.150***	.045
심리적환경 요인							.005	.029	.003	.028	.004	.028
학습참여도 요인												
학습참여도											.100**	.039

| 고정효과 | 모형1 | | 모형2 | | 모형3 | | 모형4 | | 모형5 | | 모형6 | |
| | 기초모형 | | 학습자 수준
투입모형 | | 모형2+교육기관 수준의
투입변인 | | 모형3+학습자 수준의
과정요인 | | 모형4+교육기관 수준의
과정요인 | | 모형5+학습자 수준의
매개요인 | |
	회귀계수	표준오차	회귀계수	표준오차	회귀계수	표준오차	회귀계수	표준오차	회귀계수	표준오차	회귀계수	표준오차
교육기관 수준 변인												
교육기관 형태												
대학부설 원격연수원					-.095	.122	-.052	.090	-.073	.085	-.080	.086
민간단체 원격연수원					.076	.048	.004	.054	.005	.075	-.080	.086
운영자 요인												
교수적 요인									.318	.289	.319	.280
관리적 요인									-.057	.143	-.112	.138
사회적 요인									-.801	.263	-.193	.264
프로그램 요인												
화면설계 요인									.113	.234	.142	.232
학습내용 요인									.194	.354	.306	.369
상호작용 요인									.420*	.245	.306	.369
학습평가 요인									-.148	.194	-.178	.191
분 산												
교육기관 수준(τ)	.030		.026		.025		.017		.017		.016	
학습자 수준(σ^2)	.390		.381		.381		.310		.310		.308	
전 체	.420		.407		.406		.327		.327		.324	
집단내 상관계수(ICC)	.071		.063		.061		.051		.051		.049	
누적설명분산(R^2)												
교육기관 수준			.133		.166		.433		.433		.466	
학습자 수준			.023		.023		.205		.205		.210	
전 체			.030		.033		.221		.221		.228	

* .05〈p≤.1, ** .01〈p≤.05, *** p≤.01

다. 현장적용도에 영향을 미치는 요인

1) 기초모형(null model) 분석

기초모형은 각 준거변인에 대해 학습자 수준과 교육기관 수준의 변인이 차지하는 변량을 분할해 낼 수 있는 것으로 학습자 수준과 교육기관 수준의 변인들을 투입하지 않고 분석한 것이다. 기초모형은 고정효과와 무선효과로 나누어 살펴볼 수 있는데, 고정효과는 전체 학습자들의 평균이 3.18이고, 표준오차가 .03으로 나타났다.

무선효과는 학습자 수준의 분산이 .38이고, 교육기관 수준의 분산이 .03으로 나타났다. 즉, 학습자들의 현장적용도는 학습자 개인의 특성과 교육기관 특성에 따라 차이가 있는 것으로 볼 수 있다. 전체분산 중 교육기관 수준 분산이 차지하는 비율을 나타내는 집단내 상관계수(Intraclass Correlation Coefficient; ICC)는 7.6%가 교육기관간 차이이고, 92.4%가 동일 교육기관 내에서 학습자들의 개인적인 특성 차이라고 할 수 있다(〈표 Ⅳ-4-10〉 참조).

〈표 Ⅳ-4-10〉 현장적용도의 기초모형 분산

고정효과(모수)	회귀계수	표준오차	t	p
절 편	3.180	.037	84.148***	.000
무선효과(모수)	분 산	자유도	χ^2	p
교육기관 수준(τ)	.032	33	93.541***	.000
학습자 수준(σ^2)	.385			

* .05〈p≤.1, ** .01〈p≤.05, *** p≤.01

2) 중간모형(mean model) 분석

중간모형은 현장적용도에 있어서 학습자 수준과 교육기관 수준의 투입요인, 과정요인이 준거변인에 영향을 미치는 위계적선형모형 분석 결과이다.

무선효과에 해당하는 학습자 수준의 분산이 .32, 교육기관 수준의 분산이 .002로 나타났으나 교육기관 수준의 분산이 통계적으로 유의미하지 않게 나타났다(〈표 Ⅳ-4-11〉 참조).

〈표 Ⅳ-4-11〉 현장적용도의 중간모형 분산

무선효과	표준편차	분 산	자유도	χ^2	p
교육기관 수준(τ)	.047	.002	24	26.017	.352
학습자 수준(σ^2)	.570	.325			

* .05〈p≤.1, ** .01〈p≤.05, *** p≤.01

현장적용도에 통계적으로 유의미한 영향을 미치는 학습자 수준의 변인은 성별, 근무하는 지역, 학교급별, 학업욕구 요인, 컴퓨터활용능력 요인, 자기조절학습능력 요인, 물리적환경 요인 등으로 나타났다. 성별로는 남교사가 여교사(-.08)보다, 근무하는 지역은 서울(.23)에서 근무하는 교사가 군·읍·면 지역에 근무하는 교사보다, 학교급별로는 초등학교 교사가 중학교(-.13), 고등학교(-.24) 교사보다 현장적용도가 높게 나타났다. 학업욕구(.12)가 높을수록, 자기조절학습능력(.12)이 높을수록, 물리적환경(.12)이 좋을수록 현장적용도가 높은 것으로 나타났다.

현장적용도에 통계적으로 유의미한 영향을 미치는 교육기관 수준의 변인은 교육기관 유형별, 교수적 요인, 관리적 요인, 상호작용 요인 등으로 나타났다. 교육기관 유형별로는 대학부설 원격연수원(-.13)이 유의미한 영향을 미치는 것으로 나타났는데, 이는 대학부설 원격연수원이 시·도교육청 원격연수원에 비해 현장적용도에 부적인 영향을 미치는 것으로 나타났다. 교수적 요인(.61)이 좋을수록, 상호작용 요인(.46)이 활발할수록 현장적용도에 정적 영향을 미치는 것으로 나타났다. 그러나 원격연수원의 관리적인 요인(-.44)은 오히려 현장적용도에 부적 영향을 미치는 것으로 나타났다(〈표 Ⅳ-4-12〉 참조).

<표 IV-4-12> 현장적용도에 대한 중간모형 위계적선형 분석 결과

고정효과	회귀계수	표준오차	t	자유도	p
교육기관 수준					
절 편	3.191	.017	178.563***	24	.000
대학부설 원격연수원	-.139	.055	-2.521**	24	.019
민간단체 원격연수원	.031	.052	.601	24	.553
교수적 요인	.614	.260	2.365**	24	.027
관리적 요인	-.441	.147	-2.988***	24	.007
사회적 요인	-.262	.191	-1.368	24	.184
화면설계 요인	-.163	.201	-.815	24	.423
학습내용 요인	.255	.239	1.064	24	.298
상호작용 요인	.468	.196	2.381**	24	.026
학습평가 요인	.098	.104	.941	24	.356
학습자 수준					
성별	-.087	.041	-2.111**	882	.035
서울	.231	.102	2.260**	882	.024
광역시	.155	.100	1.551	882	.121
중소도시	.137	.100	1.370	882	.171
중학교	-.131	.047	-2.787***	882	.006
고등학교	-.244	.044	-5.456***	882	.000
부장교사	-.019	.046	-.432	882	.665
교감, 교장	-.051	.127	-.405	882	.685
교직경력	.015	.014	1.080	882	.281
학력	.022	.027	.838	882	.402
수강 강좌수	.036	.027	1.313	882	.189
학업욕구 요인	.128	.050	2.541**	882	.011
컴퓨터활용능력 요인	.062	.036	1.722*	882	.085
자기조절학습능력 요인	.127	.039	3.219***	882	.002
물리적환경 요인	.127	.041	3.049***	882	.003
심리적환경 요인	.005	.030	.183	882	.855

* .05〈p≤.1, ** .01〈p≤.05, *** p≤.01

3) 연구모형(full model) 분석

연구모형은 투입과 과정 요인이 매개요인인 학습참여도를 통해 현장적용도에 영향을 미치고, 동시에 현장적용도에 직접적인 영향을 미치는 것을 나타내는 분석 결과이다.

연구모형에 분산은 〈표 Ⅳ-4-13〉에서 보는 바와 같이 학습자 수준의 분산과 교육기관 수준의 분산은 차이가 났으나 교육기관 수준의 분산이 통계적으로 유의미하지 않게 나타났다.

〈표 Ⅳ-4-13〉 현장적용도의 연구모형 분산

무선효과	표준편차	분 산	자유도	χ^2	p
교육기관 수준(τ)	.036	.001	24	23.391	.500
학습자 수준(σ^2)	.567	.322			

* .05〈p≤.1, ** .01〈p≤.05, *** p≤.01

현장적용도에 통계적으로 유의미한 영향을 미치는 학습자 수준의 변인은 성별, 근무하는 지역, 학교급, 학업욕구 요인, 컴퓨터활용능력 요인, 자기조절학습능력 요인, 물리적환경 요인, 학습참여도 요인 등으로 나타났다. 성별로는 남교사가 여교사(-.08)가 보다, 근무하는 지역별로는 서울(.24), 광역시(.17)에 근무하는 교사가 군·읍·면 지역에 근무하는 교사보다, 학교급로는 초등학교 교사가 중학교(-.13), 고등학교(-.23) 교사보다 현장적용도가 높은 것으로 나타났다. 학업욕구(.11)가 높을수록, 컴퓨터활용능력(.08)이 우수할수록, 자기조절학습능력(.08)이 높을수록, 물리적환경(.11)이 좋을수록 현장적용도가 높은 것으로 나타났다. 그리고 학습참여도(.11)가 높을수록 현장적용도를 향상시키는데 도움이 되는 것으로 나타났다.

현장적용도에 통계적으로 유의미한 영향을 미치는 교육기관 수준의 변인은 교육기관 유형별, 교수적 요인, 관리적 요인, 상호작용 요인 등으로 나타났다. 교육기관 유형별로는 대학부설 원격연수원(-.14)이 시·도교육청 원격연수원보다 현장적용도에 부적 영향을 미치는 것으로 나타났다. 중간 모형과 같이 교수적 요인(.61)이 효율적으로 이루어질수록, 상호작용 (.42)이 활발할수록 현장적용도가 높은 것으로 나타났다. 그러나 원격연수원의 관리적 요인(-.50)은 오히려 현장적용도에 부적 영향을 미치는 것으로 나타났다(〈표 Ⅳ-4-14〉 참조).

<표 Ⅳ-4-14> 현장적용도에 대한 연구모형 위계적선형 분석 결과

고정효과	회귀계수	표준오차	t	자유도	p
교육기관 수준					
절 편	3.191	.017	187.381***	24	.000
대학부설 원격연수원	-.147	.052	-2.825***	24	.010
민간단체 원격연수원	-.015	.050	-.309	24	.760
교수적 요인	.610	.247	2.471**	24	.021
관리적 요인	-.503	.141	-3.566***	24	.002
사회적 요인	-.280	.184	-1.519	24	.142
화면설계 요인	-.133	.189	-.707	24	.486
학습내용 요인	.382	.244	1.561	24	.131
상호작용 요인	.428	.187	2.288**	24	.031
학습평가 요인	.069	.101	.688	24	.498
학습자 수준					
성별	-.080	.040	-2.010**	881	.044
서울	.244	.105	2.312**	881	.021
광역시	.173	.097	1.779*	881	.075
중소도시	.147	.098	1.499	881	.134
중학교	-.131	.044	-2.982***	881	.003
고등학교	-.238	.044	-5.327***	881	.000
부장교사	-.030	.044	-.688	881	.491
교감, 교장	-.049	.126	-.390	881	.696
교직경력	.013	.014	.928	881	.354
학력	.014	.027	.533	881	.594
수강 강좌수	.019	.026	.724	881	.469
학업욕구 요인	.116	.051	2.285**	881	.022
컴퓨터활용능력 요인	.081	.036	2.200**	881	.028
자기조절학습능력 요인	.086	.038	2.232**	881	.026
물리적환경 요인	.113	.039	2.883***	881	.004
심리적환경 요인	.007	.030	.237	881	.813
학습참여도 요인	.118	.039	3.008***	881	.003

* .05〈p≤.1, ** .01〈p≤.05, *** p≤.01

현장적용도에 대한 단계별 위계적선형모형 분석 결과는 〈표 Ⅳ-4-15〉와 같이 정리할 수 있다.

모형2에서는 성별, 근무하는 지역, 학교급, 학력, 수강 강좌수가 통계적으로 유의미하였고, 모형3에서는 성별, 근무하는 지역, 학교급, 직위별, 교직경력별, 수강 강좌수, 교육기관 유형이 통계적으로 유의미하게 나타났다.

모형4에서는 성별, 근무하는 지역, 학교급, 직위별, 수강 강좌수, 교육기관 유형이 통계적으로 유의미하였고, 모형5에서는 성별, 근무하는 지역, 학교급, 학업욕구 요인, 자기조절학습능력 요인, 물리적환경 요인, 교육기관 유형, 교수적 요인, 관리적 요인, 상호작용 요인이 유의미하였다.

그리고 모형6에서는 성별, 근무하는 지역, 학교급, 학업욕구 요인, 컴퓨터활용능력 요인, 자기조절학습능력 요인, 물리적환경 요인, 학습참여도 요인, 교육기관 유형, 교수적 요인, 관리적 요인, 상호작용 요인이 통계적으로 유의미하게 나타났다.

<표 IV-4-15> 현장적용도에 대한 단계적 위계적선형모형 분석 결과

고정효과	모형1 기초모형		모형2 학습자 수준 투입모형		모형3 모형2+교육기관 수준의 투입변인		모형4 모형3+학습자 수준의 과정요인		모형5 모형4+교육기관 수준의 과정요인		모형6 모형5+학습자 수준의 매개요인	
	회귀계수	표준오차	회귀계수	표준오차	회귀계수	표준오차	회귀계수	표준오차	회귀계수	표준오차	회귀계수	표준오차
학습자 수준 변인												
전체 평균	3.180***	.037	3.182***	.029	3.176***	.026	3.179***	.022	3.191***	.017	3.191***	.017
인구통계요인												
성별			-.083**	.048	.004**	.048	-.097**	.042	-.087**	.041	-.080***	.040
서울			.239*	.132	.141*	.145	.210*	.110	.231**	.102	.244***	.105
광역시			.219**	.132	.158**	.090	.157	.106	.155	.100	.173*	.097
중소도시			.181*	.108	.112*	.081	.149	.104	.137	.100	.147	.098
중학교			-.120**	.056	-.009**	.059	-.141***	.050	-.131***	.047	-.131***	.044
고등학교			-.263***	.050	-.040***	.065	-.256***	.045	-.244***	.044	-.238***	.044
부장교사			.031	.051	.137**	.051	-.022*	.048	-.019	.046	-.030	.044
교감, 교장			-.093	.156	.001	.316	.030	.179	-.051	.127	-.049	.126
교직경력			.012	.018	-.005*	.017	.010	.016	.015	.014	.013	.014
학력			.054*	.028	.029	.030	.023	.026	.022	.027	.014	.027
수강 강좌수			.093***	.028	.095***	.028	.050*	.028	.036	.027	.019	.026
학습자 요인												
학업욕구 요인							.120**	.054	.128**	.050	.116**	.051
컴퓨터활용능력 요인							.051	.040	.062*	.036	.081**	.036
자기조절학습능력 요인							.137***	.039	.127***	.039	.086***	.038
물리적환경 요인							.138***	.041	.127***	.041	.113***	.039
심리적환경 요인							.004	.031	.005	.030	.007	.030
학습참여도 요인												
학습참여도											.118***	.039

고정효과	모형1 기초모형		모형2 학습자 수준 투입모형		모형3 모형2+교육기관 수준의 투입변인		모형4 모형3+학습자 수준의 과정요인		모형5 모형4+교육기관 수준의 과정요인		모형6 모형5+학습자 수준의 매개요인	
	회귀계수	표준오차	회귀계수	표준오차	회귀계수	표준오차	회귀계수	표준오차	회귀계수	표준오차	회귀계수	표준오차
교육기관 수준 변인												
교육기관 형태												
대학부설 원격연수원					-.105	.093	-.074	.060	-.073**	.085	-.140***	.052
민간단체 원격연수원					.122**	.046	.055**	.045	.005	.075	.015	.050
운영자 요인												
교수적 요인									.614**	.260	.610**	.247
관리적 요인									-.441***	.147	-.503***	.141
사회적 요인									-.262	.191	-.280	.184
프로그램 요인												
화면설계 요인									-.163	.201	-.133	.189
학습내용 요인									.255	.239	.382	.244
상호작용 요인									.255**	.239	.382**	.244
학습평가 요인									.098	.104	.069	.101
분 산												
교육기관 수준(τ)	.030		.017		.012		.007		.002		.001	
학습자 수준(σ^2)	.390		.374		.374		.328		.325		.322	
전 체	.420		.391		.386		.335		.327		.323	
집단내 상관계수(ICC)	.077		.043		.031		.020		·		·	
누적설명분산(R^2)												
교육기관 수준			.133		.625		.781		·		·	
학습자 수준			.025		.028		.148					
전 체			.030		.074		.196					

* .05〈p≤.1, ** .01〈p≤.05, *** p≤.01

라. 자기개발기여도에 영향을 미치는 요인

1) 기초모형(null model) 분석

기초모형은 각 준거변인에 대해 학습자 수준과 교육기관 수준의 변인이 차지하는 변량을 분할해 낼 수 있는 것으로 학습자 수준과 교육기관 수준의 변인들을 투입하지 않고 분석한 것이다. 기초모형은 고정효과와 무선효과로 나누어 살펴볼 수 있는데, 고정효과는 모수 추정치인 절편이 3.56이고, 표준오차는 .03으로 나타났다. 여기서 절편의 의미는 전체 학습자들의 자기개발기여도의 평균을 의미한다.

무선효과는 학습자 수준의 분산이 .42이고, 교육기관 수준의 분산이 .02 이다. 즉, 학습자의 자기개발기여도의 분산은 학습자 개인의 특성과 교육기관 간의 특성에 따라 차이가 있는 것으로 볼 수 있다. 이는 전체분산 중 교육기관 수준이 차지하는 비율을 나타내는 집단 내 상관계수는 6.0%가 교육기관 간의 차이에 기인한 것이고, 94.0%가 동일 교육기관 내에서 학습자들의 개인적인 특성의 차이에 기인한 것으로 나타났다(〈표 Ⅳ-4-16 참조〉).

<표 Ⅳ-4-16> 자기개발기여도의 기본모형 분산

고정효과(모수)	회귀계수	표준오차	t	p
절 편	3.560	.036	98.626***	.000
무선효과(모수)	분 산	자유도	χ^2	p
교육기관 수준(τ)	.027	33	83.317***	.000
학습자 수준(σ^2)	.421			

* .05〈p≤.1, ** .01〈p≤.05, *** p≤.01

164

2) 중간모형(mean model) 분석

중간모형은 학습자 수준과 교육기관 수준에서 예측변인이 준거변인에 미치는 영향력을 알아보는 모형이다. 이 모형은 자기개발기여도에 있어서 학습자 수준과 교육기관 수준의 투입요인, 과정요인에 대해 위계적선형모형 분석 결과이다.

무선효과는 〈표 IV-4-17〉와 같이 학습자 수준의 분산이 .29, 교육기관 수준의 분산이 .001로 차이를 나타났으나 교육기관 수준의 분산이 통계적으로 유의미하지 않았다.

〈표 IV-4-17〉 자기개발기여도의 중간모형 분산

무선효과	표준편차	분 산	자유도	χ^2	p
교육기관 수준(τ)	.040	.001	24	23.841	.500
학습자 수준(σ^2)	.544	.296			

* .05〈p≤.1, ** .01〈p≤.05, *** p≤.01

자기개발기여도에 통계적으로 유의미한 영향을 미치는 학습자 수준의 변인은 성별, 직위별, 학업욕구 요인, 컴퓨터활용능력 요인, 자기조절학습능력 요인, 물리적환경 요인 등으로 나타났다. 성별로는 여교사(.07)가 남교사보다, 직위별로는 교감 및 교장(.24)이 평교사보다 자기개발기여도가 높게 나타났다. 학업욕구(.25)가 높을수록, 자기조절학습능력(.19)이 우수할수록, 물리적환경(.19)이 좋을수록 자기개발기여도에 정적인 영향을 미치는 것으로 나타났다. 그러나 컴퓨터활용능력(-.07)은 자기개발기여도에 부적 영향을 미치는 것으로 나타났다.

자기개발기여도에 통계적으로 유의미한 영향을 미치는 교육기관 수준의 변인은 교수적 요인(.42)만으로 나타났는데, 이는 교수적 요인이 우수할수록 자기개발기여도에 긍정적인 영향을 미치는 것으로 나타났다. 그 외 교육기관 수준의 변인들은 통계적으로 유의미한 영향을 미치지 않았다(〈표 Ⅳ-4-18〉 참조).

〈표 Ⅳ-4-18〉 자기개발기여도에 대한 중간모형 위계적선형 분석 결과

고정효과	회귀계수	표준오차	t	자유도	p
교육기관 수준					
절 편	3.567	.016	178.563***	24	.000
대학부설 원격연수원	-.003	.048	-.080	24	.937
민간단체 원격연수원	.048	.047	1.027	24	.315
교수적 요인	.421	.192	2.185**	24	.039
관리적 요인	-.141	.126	-1.118	24	.275
사회적 요인	-.050	.158	-.315	24	.755
화면설계 요인	.204	.151	1.344	24	.192
학습내용 요인	.068	.202	.339	24	.737
상호작용 요인	.197	.154	1.274	24	.215
학습평가 요인	-.083	.129	-.645	24	.525
학습자 수준					
성별	.078	.046	1.698*	882	.089
서울	.133	.104	1.273	882	.203
광역시	.075	.082	.916	882	.360
중소도시	.057	.067	.852	882	.394
중학교	.005	.048	.110	882	.913
고등학교	-.020	.064	.326	882	.744
부장교사	.067	.041	1.630	882	.103
교감, 교장	.246	.093	2.641***	882	.009
교직경력	-.003	.018	-.194	882	.847
학력	-.021	.028	-.756	882	.450
수강 강좌수	.023	.028	.847	882	.397
학업욕구 요인	.259	.051	5.006***	882	.000
컴퓨터활용능력 요인	-.078	.039	-1.956**	882	.050
자기조절학습능력 요인	.245	.040	6.124***	882	.000
물리적환경 요인	.192	.045	4.225***	882	.000
심리적환경 요인	-.039	.030	-1.100	882	.272

* .05〈p≤.1, ** .01〈p≤.05, *** p≤.01

3) 연구모형(full model) 분석

연구모형은 투입과 과정요인이 학습참여도를 통해 자기개발기여도에 영향을 미치고, 동시에 자기개발기여도에 직접적인 영향을 미치는 것을 나타내는 분석 결과이다. 무선효과는 〈표 Ⅳ-4-19〉와 같이 학습자 수준의 분산이 .29, 교육기관 수준의 분산이 .001로 나타났지만 교육기관 수준의 분산이 통계적으로 유의미하지 않았다.

<표 Ⅳ-4-19> 자기개발기여도의 연구모형 분산

무선효과	표준편차	분　산	자유도	χ^2	p
교육기관 수준(τ)	.035	.001	24	22.125	.500
학습자 수준(σ^2)	.543	.294			

* .05〈p≤.1, ** .01〈p≤.05, *** p≤.01

자기개발기여도에 통계적으로 유의미한 영향을 미치는 학습자 수준의 변인은 성별, 직위별, 수강 강좌수, 학업욕구 요인, 자기조절학습능력 요인, 물리적환경 요인, 학습참여도 요인 등으로 나타났다. 성별로는 여교사(.08)가 남교사보다, 직위별로는 교감 및 교장(.24)이 평교사보다 자기개발기여도가 높게 나타났다. 학업욕구(.25)가 높을수록, 자기조절학습능력(.21)이 높을수록, 물리적환경(.18)이 좋을수록 자기개발기여도가 높게 나타났다. 그리고 학습참여도(.08)가 높을수록 자기개발기여도에 긍정적인 영향을 미치는 것으로 나타났다.

자기개발기여도에 통계적으로 유의미한 영향을 미치는 교육기관 수준의 변인은 교수적 요인(.42)만 나타났다. 이는 교수적 요인이 우수할수록 학습자들의 자기개발기여도가 높게 나타났다. 그 외 교육기관 수준의 다른 변인들은 통계적으로 유의미하지 않았다(〈표 Ⅳ-4-20〉 참조).

<표 Ⅳ-4-20> 자기개발기여도에 대한 연구모형 위계적선형 분석 결과

고정효과	회귀계수	표준오차	t	자유도	p
교육기관 수준					
절 편	3.567	.015	223.788***	24	.000
대학부설 원격연수원	-.010	.048	-2.15	24	.832
민간단체 원격연수원	.036	.045	.799	24	.432
교수적 요인	.420	.185	2.273**	24	.032
관리적 요인	-.190	.118	-1.615	24	.119
사회적 요인	-.064	.154	-.417	24	.680
화면설계 요인	.232	.147	1.575	24	.128
학습내용 요인	.160	.206	.775	24	.446
상호작용 요인	.171	.150	1.137	24	.267
학습평가 요인	-.105	.127	-.827	24	.417
학습자 수준					
성별	.083	.044	1.870*	881	.061
서울	.145	.107	1.350	881	.171
광역시	.089	.081	1.102	881	.271
중소도시	.064	.070	.925	881	.356
중학교	.004	.047	.099	881	.921
고등학교	-.017	.061	-.285	881	.775
부장교사	.060	.040	1.492	881	.135
교감, 교장	.245	.090	2.724***	881	.007
교직경력	-.005	.018	-.284	881	.777
학력	-.026	.027	-.969	881	.333
수강 강좌수	.010	.027	.392	881	.695
학업욕구 요인	.251	.052	4.810***	881	.000
컴퓨터활용능력 요인	-.064	.040	-1.598	881	.110
자기조절학습능력 요인	.214	.040	5.360***	881	.000
물리적환경 요인	.181	.045	3.989***	881	.000
심리적환경 요인	-.032	.031	-1.050	881	.294
학습참여도 요인	.088	.033	2.674***	881	.008

* .05〈p≤.1, ** .01〈p≤.05, *** p≤.01

　자기개발기여도에 대한 단계별 위계적선형모형 분석 결과는 〈표 Ⅳ-4-21〉와 같이 정리할 수 있다.

모형2에서는 성별, 근무하는 지역, 수강 강좌수가 통계적으로 유의미하였고, 모형3에서는 성별, 직위별, 수강 강좌수, 교육기관 유형이 통계적으로 유의미하였다.

모형4에서는 성별, 직위별, 학업욕구 요인, 컴퓨터활용능력 요인, 자기조절학습능력 요인, 물리적환경 요인이 통계적으로 유의미하였고, 모형5에서는 성별, 직위별, 학업욕구 요인, 컴퓨터활용능력 요인, 자기조절학습능력 요인, 물리적환경 요인, 교수적 요인이 통계적으로 유의미하였다.

모형6에서는 성별, 직위별, 학업욕구 요인, 자기조절학습능력 요인, 물리적환경 요인, 교수적 요인, 학습참여도 요인이 통계적으로 유의미하게 나타났다.

<표 IV-4-21> 자기개발기여도에 대한 단계별 위계적선형모형 분석 결과

고정효과	모형1 기초모형		모형2 학습자 수준 투입모형		모형3 모형2+교육기관 수준의 투입변인		모형4 모형3+학습자 수준의 과정요인		모형5 모형4+교육기관 수준의 과정요인		모형6 모형5+학습자 수준의 매개요인	
	회귀계수	표준오차	회귀계수	표준오차	회귀계수	표준오차	회귀계수	표준오차	회귀계수	표준오차	회귀계수	표준오차
학습자 수준 변인												
전체 평균	3.560***	.036	3.563***	.032	3.558***	.029	3.568***	.020	3.567***	.016	3.567***	.015
인구통계요인												
성별			.109**	.047	.108**	.048	.078*	.046	.078*	.046	.083*	.044
서울			.127	.139	.111	.138	.095	.096	.133	.104	.145	.107
광역시			.176**	.091	.166	.090	.076	.081	.075	.082	.089	.081
중소도시			.121	.093	.120	.091	.057	.068	.057	.067	.064	.070
중학교			.037	.063	.035	.061	.000	.049	.005	.048	.004	.047
고등학교			-.019	.082	-.013	.080	-.010	.067	-.020	.064	-.017	.061
부장교사			.123	.052	.117**	.051	.061	.040	.067	.041	.060	.040
교감, 교장			.101	.107	.066	.110	.249***	.091	.246***	.093	.245***	.090
교직경력			.012	.022	.012	.021	-.000	.019	-.003	.018	-.005	.018
학력			.019	.032	.016	.032	-.022	.028	-.021	.028	-.026	.027
수강 강좌수			.106***	.035	.102***	.035	.027	.026	.023	.028	.010	.027
학습자 요인												
학업욕구 요인							.269***	.050	.259***	.051	.251***	.052
컴퓨터활용능력 요인							-.084**	.039	-.078**	.039	-.064	.040
자기조절학습능력 요인							.248***	.039	.245***	.040	.214***	.040
물리적환경 요인							.201***	.042	.192***	.045	.181***	.045
심리적환경 요인							-.032	.032	-.033	.030	-.032	.031
학습참여도 요인												
학습참여도											.088***	.033

| 고정효과 | 모형1 | | 모형2 | | 모형3 | | 모형4 | | 모형5 | | 모형6 | |
| | 기초모형 | | 학습자 수준 투입모형 | | 모형2+교육기관 수준의 투입변인 | | 모형3+학습자 수준의 과정요인 | | 모형4+교육기관 수준의 과정요인 | | 모형5+학습자 수준의 매개요인 | |
	회귀계수	표준오차	회귀계수	표준오차	회귀계수	표준오차	회귀계수	표준오차	회귀계수	표준오차	회귀계수	표준오차
교육기관 수준 변인												
교육기관 형태												
대학부설 원격연수원					-.096	.107	-.059	.066	-.003	.048	-.001	.048
민간단체 원격연수원					.138***	.046	.037	.040	.048	.047	.036	.045
운영자 요인												
교수적 요인									.421**	.192	.420**	.185
관리적 요인									-.141	.126	-.190	.118
사회적 요인									-.050	.158	-.064	.154
프로그램 요인												
화면설계 요인									.204	.151	.232	.147
학습내용 요인									.068	.202	.160	.206
상호작용 요인									.197	.154	.171	.150
학습평가 요인									-.083	.129	-.105	.127
분 산												
교육기관 수준(τ)	.027		.020		.014		.003		.002		.001	
학습자 수준(σ^2)	.421		.410		.410		.297		.325		.294	
전 체	.448		.430		.424		.300		.327		.295	
집단내 상관계수(ICC)	.060		.046		.033		.		.		.	
누적설명분산(R^2)												
교육기관 수준			.259		.481		.		.		.	
학습자 수준			.026		.026							
전 체			.040		.053							

* .05〈p≤.1, ** .01〈p≤.05, *** p≤.01

마. 구조방정식모형에 의한 경로분석

위계적선형모형 분석은 원격교육의 효과에 대한 자료의 수준별 변량비율과 예측변인의 설명력을 변인별로 분석할 수 있는 장점이 있다. 그러나 예측변인이 준거변인에 미치는 직접효과만 알 수 있을 뿐, 이들 변인들이 어떠한 경로와 메카니즘을 통해 원격교육의 효과에 영향을 미치는가는 알 수 없다. 따라서 원격교육의 효과 관련 예측변인이 매개변인인 학습참여도를 통해 준거변인에 영향을 미치는 경로를 분석하기 위해 구조방정식 모형을 이용하였다.

이 연구에서는 원격교육 효과에 영향을 미치는 예측변인은 학습자 요인, 학습환경 요인, 운영자 요인, 프로그램 요인으로 설정하였으나 이 중 프로그램 요인은 학습참여도 요인과 상관이 매우 미미한 것으로 나타나 학습참여도 요인에 대한 매개효과 없이 효과성에 직접적인 영향만을 미치는 것으로 상정하였다. 이 연구에서 상정한 원격교육 효과모형의 전반적인 적합도 지수는 자유도당 χ^2값이 12.45, NFI가 .98, TLI가 .97, CFI가 .98로 모두 양호한 것으로 나타났다. p값이 .05보다 작아서 적합도 기준을 충족시키지 못하고 있으나 다른 지수들이 양호하므로 이 연구에서 구성한 원격교육의 효과 모형은 주어진 자료를 잘 설명하는 것으로 판단하였다(〈표 Ⅳ-4-22〉 참조).

<표 IV-4-22> 원격교육 효과 모형의 적합도 지수

구 분	χ^2	df	p	χ^2/df	NFI*	TLI**	CFI***
추정모형	1183.306	95	.000	12.456	.980	.971	.981

주) χ^2/df(df가 1일 때 나오는 기각 역으로 3.84 이상이면 양호한 모형)
*   NFI(Normed Fit Index): .90이상이면 양호한 모형
** TLI(Tucker-Lewis Index): .90이상이면 양호한 모형
*** CFI(Comparative Fit Index): .90이상이면 양호한 모형

〈표 IV-4-23〉과 〔그림 IV-4-1〕을 통하여 원격교육 효과 모형에서 효과성의 요인구성 양상을 살펴보면, 자기개발기여도($\beta=.87$),[21] 정보기술활용능력 향상(.74), 현장적용도(.64)의 순으로 효과 요인을 구성하고 있음을 알 수 있다.

원격교육 학습참여도에는 학습자 요인(.40)만 통계적으로 유의미한 영향을 미쳤지만, 운영자 요인, 학습환경 요인은 통계적으로 의미 있는 영향을 미치지 않았다. 즉, 학습자의 요인에 의해서만 학습참여도가 좌우되는 것으로 나타났다. 관련 변인들의 학습참여도에 대한 설명량은 19.6%로 나타났다.

원격교육 효과성에는 학습자 요인, 운영자 요인, 학습참여도 요인이 통계적으로 유의미한 직접적 영향을 미치는 것으로 나타났다. 프로그램 요인과 학습환경 요인은 통계적으로 의미 있는 영향을 미치지 않았다. 즉, 학습자 요인이 높을수록, 운영자의 효율적인 관리가 이루어질수록, 학습자의 참여도가 높을수록 원격교육의 효과가 높은 것으로 나타났다. 예측변인 중 학습자 요인(.28)의 영향력이 가장 높았으며, 다음으로 운영자 요인(.21), 학습참여도 요인(.12) 순으로 나타났다. 관련 변인들의 효과성에 대한 설명량은 약 61.8%로 나타났다.

---

21) 구조방정식모형 분석에서는 회귀계수로 β를 사용한다. 이하 내용에서는 β를 모두 생략하였다.

<표 Ⅳ-4-23> 원격교육 효과모형의 분석 결과

구 분	비표준화 계수	표준화 계수	표준오차	C.R.
학습참여도 요인←운영자 요인	.091	.054	.074	1.226
학습참여도 요인←학습자 요인	.530**	.406	.060	8.871
학습참여도 요인←학습환경 요인	.040	.044	.026	1.510
정보기술활용능력 향상←효과성	1.000	.748		
현장적용도←효과성	.848**	.645	.044	19.085
자기개발기여도←효과성	1.196**	.872	.049	24.533
효과성←학습참여도 요인	.085**	.123	.020	4.196
효과성←운영자 요인	.245**	.210	.109	2.242
효과성←프로그램 요인	.357	.337	.089	4.016
효과성←학습자 요인	.260**	.288	.039	6.588
효과성←학습환경 요인	.017	.028	.016	1.104
사회적 요인←운영자 요인	1.000	.533		
교수적 요인←운영자 요인	1.167**	.828	.071	16.347
관리적 요인←운영자 요인	1.198**	.748	.076	15.676
학습평가 요인←프로그램 요인	1.000**	.730		
상호작용 요인←프로그램 요인	.498**	.283	.060	8.292
학습내용 요인←프로그램 요인	.999**	.842	.041	24.348
화면설계 요인←프로그램 요인	1.018**	.782	.044	22.878
자기조절학습능력←학습자 요인	1.000	.795		
컴퓨터활용능력←학습자 요인	.752**	.621	.040	18.589
학업욕구 요인←학습자 요인	1.086**	.837	.045	23.918
심리적환경 요인←학습환경 요인	1.000	1.000		
물리적환경 요인←학습환경 요인	.039	.047	.026	1.479
운영자 요인↔프로그램 요인	.162**	.013	12.207	
학습환경 요인↔운영자 요인	.000			
프로그램 요인↔학습자 요인	.123**	.011	11.062	
학습환경 요인↔프로그램 요인	.000			
학습환경 요인↔학습자 요인	.000			
운영자 요인↔학습자 요인	.133**	.606	.012	1.738

174

구　분	비표준화 계수	표준화 계수	표준오차	C.R.
학습참여도 요인 오차분산	.387**		.018	21.083
효과성 오차분산	.088**		.008	1.644
정보기술활용능력 향상 오차분산	.183**		.011	17.260
현장적용도 오차분산	.234**		.012	19.504
자기개발 오차분산	.104**		.010	1.567
운영자 요인 오차분산	.170**		.020	8.389
프로그램 요인 오차분산	.205**		.016	12.571
학습자 요인 오차분산	.283**		.021	13.590
학습환경 요인 오차분산	.597**		.027	22.113
교수적 요인 오차분산	.106**		.008	13.508
관리적 요인 오차분산	.191**		.011	17.319
사회적 요인 오차분산	.429**		.021	2.687
화면설계 요인 오차분산	.135**		.008	16.833
학습내용 요인 오차분산	.084**		.006	14.008
상호작용 요인 오차분산	.584**		.027	21.837
학습평가 요인 오차분산	.180**		.010	18.365
학업욕구 요인 오차분산	.143**		.012	11.861
컴퓨터활용능력 요인 오차분산	.255**		.013	19.468
자기조절학습능력 요인 오차분산	.166**		.012	14.312
물리적환경 요인 오차분산	.410**		.018	22.158
심리적환경 요인 오차분산	.000			

*.01〈p≤.05, **p〈.01

〔그림 Ⅳ-4-1〕 원격교육의 효과모형

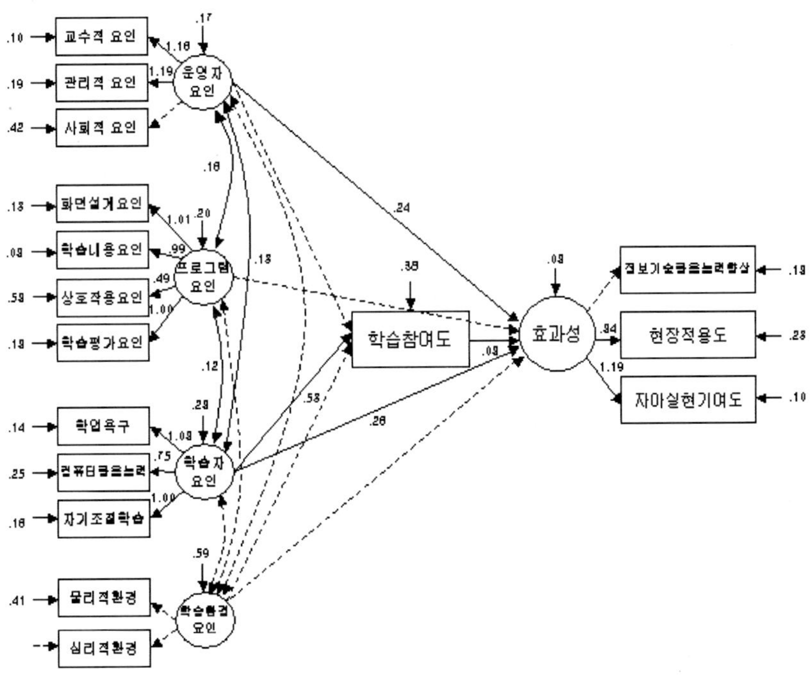

주) 실선은 p≤.01수준에서 유의한 것임. 점선은 .01〈p≤.05에서 유의미하지 않음.

〈표 Ⅳ-4-24〉와 같이 원격교육의 효과에 영향을 미치는 관련 변인들의 영향력 정도를 전체효과 및 간접효과로 나누어 보면, 학습자 요인의 총 영향력이 .34로서 이 가운데 15.1%인 .05가 학습참여도를 매개로 한 간접적 영향이다. 프로그램 요인은 총 영향력은 .33으로서 모두 직접적인 영향이다. 운영자 요인은 총 .21의 영향을 미쳤는데, 이 가운데서 3.3%인 .007이 학습참여도를 통한 간접적인 영향이었다. 학습참여도는 총 .12의 영향을 미쳤으며 모두 직접적인 영향이다. 학습환경 요인의 총 영향력은 .03으로, 이 가운데 16.6%인 .005가 학습참여도를 통한 간접적인 영향이었다.

<표 Ⅳ-4-24> 원격교육의 전체효과와 간접효과

구 분	학습자 요인	학습환경 요인	프로그램 요인	운영자 요인	학습 참여도	효과성
학습참여도	.406	.044	-	.054	-	-
효과성	.337 (.050)	.033 (.005)	.337 (-)	.216 (.007)	.123 (-)	-
정보기술활용능력 향상	.252	.025	.252	.162	.092	.748
현장적용도	.218	.022	.217	.139	.079	.645
자기개발기여도	.294	.029	.294	.189	.107	.872

주1) 위 계수는 모두 표준화 효과임.
주2) (   )는 간접효과.

바. 요약 및 논의

이 장에서는 위계적선형모형과 구조방정식모형을 통해 원격교육 효과성에 영향을 미치는 요인을 분석한 결과를 요약하고 분석 결과에 대해 논의하였다(〈표 Ⅳ-4-28〉 참조).

첫째, 학습참여도에 영향을 미치는 요인을 학습자 수준과 교육기관 수준으로 나누어 볼 수 있다. 기본모형에서 학습자 수준의 분산과 교육기관 수준의 분산은 각각 .42, .08로서 교육기관 간의 차이(ICC)가 16.4%, 학습자 간의 차이(ICC)가 83.6%를 차지하는 것으로 나타났다. 그러나 연구모형에서 교육기관 수준의 분산은 통계적으로 유의미하지 않았다.

학습참여도에 영향을 미치는 변인은 근무하는 지역, 직위, 학력, 수강 강좌수, 학업욕구 요인, 컴퓨터활용능력 요인, 자기조절학습능력 요인, 물리적환경 요인, 교육기관 유형, 관리적 요인, 학습내용 요인, 상호작용 요인 등으로 나타났다. 군·읍·면 지역에 근무하는 교사가 광역시에 근무하는 교사보다, 부장교사가 평교사보다, 학력이 높을수록, 원격교육 수강 강좌수가 많을수록, 학습욕구가 높을수록, 자기조절학습능력이 높을수록, 학습자의 물리적환경이 좋을수록 학습참여도가 높게 나타났다.

교육기관 수준에서는 민간단체 원격연수원에서 제공하는 원격교육을 이수한 교사가 시·도교육청 원격연수원에서 이수한 교사보다 학습참여도가 높았고, 상호작용 요인이 학습참여도에 정적 영향을 미치는 것으로 나타났다.

그러나 컴퓨터활용능력 요인, 관리자 요인, 학습내용 요인은 학습참여도에 부적 영향을 미치는 것으로 나타났다. 컴퓨터활용능력이 우수한 학습자가 오히려 학습참여도가 낮게 나타났는데, 이는 교육내용이 비교적 평이해 보다 고차원적인 지식을 습득하고자 하는 우수한 학습자들의 학습욕구를 충족시키지 못하고 있음을 시사한다. 운영자의 관리자 요인이 높은 평균값(3.71)으로 나타났지만 학습참여도에 부적 영향을 미치는 것으로 나타났는데, 이는 관리자의 전체적인 교육일정 안내, 학습 변경시 즉각적인 안내, 과정운영과 관련된 질의응답 등과 같이 친절하고 자세한 안내가 학습참여를 높이는 정적요인이 아니라 오히려 부적요인임을 말해주고 있다. 학습내용 요인은 어느 정도 잘 구성되어(평균 3.52) 있었지만 학습참여도에 부적 영향을 미치는 것으로 나타났다. 이는 학습내용이 학습목표와 일치하지 않거나 부정확하고, 개별 학습 가능성이나 학습내용의 수준이 낮다고 인식한 학습자일수록 학습참여도가 더 높게 나타나 서혜전(2001)과 일치된 결과이다. 이런 현상은 학습내용 구성 정도가 높다고 생각하는 학습자일수록 그렇지 않다고 생각하는 학습자보다 자유게시판이나 토론방에 참여할 확률이 더 적다고 해석할 수 있다.

둘째, 정보기술활용능력 향상에 영향을 미치는 요인을 학습자 수준과 교육기관 수준으로 나누어 볼 수 있다. 기본모형에 있어 학습자 수준과 교육기관 수준의 분산은 각각 .39, .03으로서 교육기관 간의 차이가 7.1% 학습자 간의 차이가 92.9%이다. 중간모형에서 학습자 수준의 분산은 .31, 교육기관 수준의 분산은 .01로서 교육기관 간의 차이가 5.1%, 학습자 간의 차이가 94.9%이다. 연구모형에서는 학습자 수준의 분산이 .30, 교육기관의 분산이 .01로서 교육기관 간의 차이가 4.9%, 학습자 간의 차이가 95.1%를 차지하는 것으로 나타났다.

중간모형에서 정보기술활용능력 향상에 영향을 미치는 학습자 수준 변인은 직위, 학업욕구 요인, 자기조절학습능력 요인, 물리적환경 요인으로 나타났다. 부장교사가 평교사보다, 학업욕구가 높을수록, 자기조절학습능력이 높을수록, 물리적환경이 좋을수록 정보기술활용능력이 향상되는 것으로 나타났다. 교육기관 수준에서는 상호작용 요인이 많을수록 정보기술활용능력이 향상되는 것으로 나타났지만 다른 변인들은 통계적으로 유의미하지 않았다.

연구모형에서는 부장교사가 평교사보다, 학업욕구가 높을수록, 자기조절학습능력이 높을수록, 물리적환경이 좋을수록, 학습참여도가 높을수록 정보기술활용능력 향상에 기여한 것으로 나타났다. 그러나 교육기관 수준의 변인들은 통계적으로 유의미한 영향이 전혀 없었다.

셋째, 현장적용도에 영향을 미치는 요인을 학습자 수준과 교육기관 수준으로 나누어 볼 수 있다. 기본모형에서 학습자 수준과 교육기관 수준의 분산이 각각 .38, .03으로 나타났는데, 분산은 교육기관 간의 차이가 7.6%, 학습자 간의 차이가 92.4%로 나타났다. 중간모형과 연구모형에서는 교육기관 수준의 분산이 통계적으로 유의미하지 않았다.

중간모형에서 현장적용도에 영향을 미치는 학습자 수준의 변인은 성별, 근무하는 지역, 학교급별, 학업욕구 요인, 자기조절학습능력 요인, 물리적환경 요인이 통계적으로 유의미하게 나타났다. 여교사가 남교사보다, 서울 지역에 근무하는 교사가 군·읍·면 지역에 근무하는 교사보다 현장적용도가 높았고, 초등학교 교사가 중학교, 고등학교 교사보다 현저히 현장적용도가 높은 것으로 나타났다. 또한, 학업욕구가 높을수록, 자기조절학습능력이 높을수록, 물리적환경이 좋을수록, 현장적용도에 정적인 영향을 미치는 것으로 나타났다.

교육기관 수준의 변인은 교육기관 유형, 교수적 요인, 상호작용 요인이 통계적으로 유의미한 영향을 미치는 것으로 나타났다. 교육기관의 유형에 있어서 시·도교육청 원격연수원이 대학부설 원격연수원보다, 교수적 요인이 우수할수록, 상호작용이 많을수록 현장적용도에 정적인 영향을 미치는 것으로 나타났다. 그러나 원격연수원의 관리적 요인은 현장적용도에 부적 영향을 미치는 것으로 나타났다. 이는 관리자의 원격 교육일정, 학습변경 시 즉각적인 안내, 과정운영과 관련된 질의응답 등의 안내가 현장적용도를 높이는데 도움이 되지 않는다고 볼 수 있다.

연구모형에서 학습자 수준의 변인은 여교사, 서울, 광역시, 중학교, 고등학교, 학업욕구 요인, 컴퓨터활용능력 요인, 자기조절학습능력 요인, 물리적환경 요인, 학습참여도 요인 등이 통계적으로 유의미하게 나타났다. 교육기관 수준의 변인은 대학부설 원격연수원, 교수적 요인, 관리적 요인, 상호작용 요인 등이 통계적으로 유의미하게 나타났다.

넷째, 자기개발기여도에 영향을 미치는 요인을 학습자 수준과 교육기관 수준으로 나누어 볼 수 있다. 기본모형에서 학습자 수준과 교육기관의 분산은 각각 .42, .02으로 나타났는데, 분산은 6.2%가 교육기관 간의 차이, 93.8%가 학습자 간의 차이에 의한 것이라는 정보를 제공한다. 중간모형과 연구모형에서는 교육기관 수준의 분산이 통계적으로 유의미하지 않았다.

중간모형에서 자기개발기여도에 영향을 미치는 학습자 수준의 변인은 성별, 직급, 학업욕구 요인, 컴퓨터활용능력 요인, 자기조절학습능력 요인, 물리적환경 요인 등으로 나타났다. 여교사가 남교사보다, 교감 및 교장이 평교사보다, 학업욕구가 좋을수록, 자기조절학습능력이 높을수록, 물리적환경이 좋을수록 자기개발기여도가 높게 나타났다. 그러나 컴퓨터활용능력은 자기개발기여도에 부적 영향을 미치는 것으로 나타났다. 이는 컴퓨터활용능력이 뛰어날수록 학습 효과가 높다는 허미화·염창선(2001)과 달리 컴퓨터활용능력이 우수한 학습자일수록 정보화 원격교육이 자기개발기여도에 도움이 되지 않는 것으로 볼 수 있다. 이것은 컴퓨터활용능력이 우수한 학습자를 위한 다양한 형태의 수준별 프로그램의 보급이 필요함을 시사한다.

　교육기관 수준에서 자기개발기여도에 영향을 미치는 변인은 교수적 요인만이 통계적으로 유의미하게 나타났다. 연구모형에서 자기개발기여도에 미치는 학습자 수준의 요인으로는 여교사, 교감 및 교장, 학업욕구 요인, 자기조절학습능력 요인, 물리적환경 요인, 학습참여도 요인 등이 통계적으로 유의미한 영향을 미쳤다. 교육기관 수준의 변인은 중간모형과 같이 교수적 요인이 우수할수록 자기개발기여도에 긍정적인 영향을 미치는 것으로 나타났다. 이는 교육기관에서 교수적 요인의 질 관리가 강조되어야 함을 시사한다.

　다섯째, 효과성에 영향을 미치는 변인들의 전체효과 및 직·간접효과로 나누어 보면, 학습자 요인이 효과성에 총 .34의 영향을 미쳤는데, 이 가운데 .28은 직접적인 영향이고, 15.1%인 .05는 학습참여도를 통한 간접적 영향이다. 프로그램 요인은 효과성에 총 .34로 직접적인 영향만 미쳤다. 학습환경 요인이 효과성에 총 .03으로 영향을 미쳤는데, 이 가운데 .02는 직접적인 영향이고, 16.5%인 .005는 학습참여도를 통한 간접적 영향이다. 운영자 요인은 효과성에 총 .22의 영향을 미쳤는데, 이 가운데 .21은 직접적인 영향이고, 3.3%인 .007은 학습참여도를 통한 간접적 영향이다. 학습참여도는 효과성에 총 .12의 영향을 직접적으로 미쳤다.

<표 Ⅳ-4-25> 효과성에 대한 학습자 수준과 교육기관 수준의 분산 및 영향력

구 분	학습 참여도	정보기술활용 능력 향상		현장 적용도		자기개발 기여도	
	연구모형	중간모형	연구모형	중간모형	연구모형	중간모형	연구모형
교육기관 수준							
대학부설 원격연수원				−	−		
민간단체 원격연수원	+						
교수적 요인				+	+	+	+
관리적 요인	−			−	−		
사회적 요인							
화면설계 요인							
학습내용 요인	−						
상호작용 요인	+	+		+	+		
학습평가 요인							
학습자 수준							
성별				−	−	+	+
서울				+	+		
광역시	−				+		
중소도시							
중학교				−	−		
고등학교				−	−		
부장교사	+	+	+				
교감, 교장						+	+
교직경력							
학력	+						
수강 강좌수	+						
학업욕구 요인	+	+	+	+	+	+	+
컴퓨터활용능력 요인	−				+	−	
자기조절학습능력 요인	+	+	+	+	+	+	+
물리적환경 요인	+	+	+	+	+	+	+
심리적환경 요인							
학습참여도 요인			+		+		+
기초모형의 분산							
교육기관 수준	.083	.030		.032		.027	
학습자 수준	.421	.030		.385		.421	
집단내 상관계수(ICC)							
교육기관 수준	16.46%	7.14%		7.67%		6.02%	
학습자 수준	83.53%	92.85%		92.32%		93.97%	

주) + 정적관계를 나타냄. − 부적관계를 나타냄.

V. 요약 및 결론

1. 요 약

이 연구에서는 원격교육의 효과성을 분석하였고, 효과성에 영향을 미치는 변인들을 분석하였으며, 효과성에 영향을 미치는 요인들에 대해 경로분석을 하였다.

연구대상은 교육인적자원부의 인가기준을 충족한 56개 원격 교육기관에서 정보화 원격연수 프로그램을 운영하는 시·도교육청 원격연수원(15개 기관), 대학부설 원격연수원(8개 기관), 민간단체 원격연수원(11개 기관)에서 2003년부터 2005년 2월까지 정보화 원격연수과정을 이수한 교원을 대상으로 하였다. 설문조사는 예비조사를 거친 이후 2005년 5월 12일부터 7월 30일까지 우편조사, E-mail 및 게시판 조사, 현장방문조사 방법을 병행하면서 실시하였다. 우편조사는 1,200부를 배포하여 553부가 회수(유효 설문지 530부)되었고, E-mail과 게시판은 1,500부를 메일로 배포하여 152부가 회수(유효 설문지 116부)되었으며, 현장방문조사는 수도권을 중심으로 400부 설문지를 직접 배포하여 355부가 회수(유효 설문지 338부)되었다. 설문지는 1,060부가 회수되었는데, 불성실한 설문을 제외하고 983부를 통계분석에 이용하였다. 설문지는 선행연구를 참고하여 연구의 목적에 맞게 재구성하였으며, 학습자 요인, 학습환경 요인, 운영자 요인, 프로그램 요인, 학습참여도 요인, 정보기술활용능력 향상, 현장적용도, 자기개발기여도 등의 문항들로 구성하였다. 연구의 문제를 다음과 같이 요약하였다.

첫째, 교원 정보화 원격교육 효과성은 빈도분석 및 학습자 수준과 교육기관 수준에 따라 효과 차이를 분석하였다.

둘째, 교원 정보화 원격교육 효과성에 영향을 미치는 요인은 학습자 수준과 교육기관 수준에 따라 분석하였다.

셋째, 교원 정보화 원격교육 효과성에 미치는 요인들에 대해 구조방정식 모형을 통해 경로 분석하였다.

가. 정보화 원격교육의 효과성

정보화 원격교육의 효과성은 하위영역별로 모두 보통 수준 이상으로 나타났다. 하위영역 중 자기개발기여도(3.58)가 가장 높은 수준으로 나타났고, 그 다음으로 정보기술활용능력 향상도(3.36), 현장적용도(3.18) 순으로 나타났다. 이 연구에서 매개변인으로 설정한 정보화 원격교육 학습참여도는 보통 수준 이하(2.43)로 나타났다.

정보기술활용능력 향상에 있어서는 광역시에 근무하는 교사가 군·읍·면 지역에서 근무하는 교사보다, 부장교사가 평교사보다, 원격교육 수강 강좌수가 많을수록, 민간단체 원격연수원이 다른 연수원보다, 학습참여도가 높을수록 정보기술활용능력이 더 향상된 것으로 나타났다.

현장적용도에 있어서는 남교사가 여교사보다, 서울, 광역시, 중소도시 교사가 군·읍·면 지역에서 근무하는 교사보다, 초등학교 교사가 중학교, 고등학교 교사보다, 학력이 높을수록, 수강 강좌수가 많을수록, 민간단체 원격연수원이 다른 원격교육 연수원보다, 학습참여도가 높을수록 현장적용도에 더 크게 향상된 것으로 나타났다.

자기개발기여도에 있어서는 여교사가 남교사보다, 광역시에 근무하는 교사가 군·읍·면 지역에서 근무하는 교사보다, 부장교사가 평교사보다, 원격교육 수강 강좌수가 많을수록, 민간단체 원격연수원이 다른 연수원보다, 학습참여도가 높을수록 자기개발기여도에 더 큰 도움이 되는 것으로 나타났다.

나. 정보화 원격교육의 효과성에 영향을 미치는 요인

원격교육 효과성에 영향을 미치는 요인을 검토하기 위하여 기본모형, 중간모형, 연구모형을 설정하여 위계적선형모형으로 분석하였다. 먼저 이 연구에서 설정한 예측변인들이 매개변인으로 설정한 학습참여도에 어떠한 영향을 미치고 있는가를 살펴보았다.

1) 학습참여도 요인

기본모형에서 학습자 수준의 분산(.83), 교육기관 수준의 분산(.42)이 나타났는데, 이는 교육기관간 차이가 16.4%이고, 동일 교육기관 내에서 학습자들 간의 개인적 차이가 83.6%이다.

학습참여도에 영향을 미치는 학습자 수준의 변인은 근무하는 지역, 직위, 학력, 수강 강좌수, 학업욕구 요인, 컴퓨터활용능력 요인, 물리적환경 요인 등으로 나타났다. 군·읍·면 지역에 거주하는 교사가 광역시에 근무하는 교사보다, 부장교사가 평교사보다, 학력이 높을수록, 수강 강좌수가 많을수록, 학습욕구가 높을수록, 자기조절학습능력이 높을수록, 물리적환경이 좋을수록 학습참여도가 높게 나타났다. 그러나 컴퓨터활용능력(-.15)은 학습참여도에 부적 영향을 미치는 것으로 나타났다. 교육기관 수준에서 영향을 미치는 변인은 교육기관 유형, 관리적 요인, 상호작용 요인 등으로 나타났다. 교육기관의 유형별로는 민간단체 원격연수원에서 제공하는 원격교육을 이수한 학습자가 시·도교육청 원격연수원에서 제공하는 원격교육을 이수한 학습자보다 학습참여도가 높았고, 상호작용이 많을수록 학습참여도가 높았지만 운영자의 관리적 요인과 학습내용 요인은 오히려 학습참여도에 부적 영향을 미치는 것으로 나타났다.

2) 정보기술활용능력 향상

기본모형에서 학습자 수준의 분산(.39), 교육기관 수준의 분산(.03)이 나타났는데, 이는 교육기관 간의 차이가 7.1%이고, 동일 교육기관 내에서 학습자 간의 차이가 92.9%이다.

중간모형에서 정보기술활용능력 향상에 영향을 미치는 학습자 수준의 변인은 직위, 학업욕구 요인, 자기조절학습능력 요인, 물리적환경 요인 등으로 나타났다. 부장교사가 평교사보다, 학업욕구가 높을수록, 자기조절학습능력이 높을수록, 물리적 환경이 좋을수록, 학습참여도가 높을수록 정보기술활용능력 향상이 높은 것으로 나타났다. 교육기관 수준에서는 상호작용만이 정보기술활용능력 향상에 유의미한 정적 영향을 미치는 것으로 나타났다. 연구모형에서 정보기술활용능력 향상에 영향을 미치는 학습자 수준의 변인은 부장교사, 학업욕구 요인, 자기조절학습능력 요인, 물리적환경 요인 등으로 나타났다. 교육기관 수준의 변인은 모두 통계적으로 유의미하지 않았다.

3) 현장적용도

기본모형에서 학습자 수준의 분산(.38), 교육기관 수준의 분산(.03)이 나타났는데, 이는 교육기관 간의 차이가 7.6%이고, 동일 교육기관 내에서 학습자 간의 차이가 92.4%이다.

중간모형에서 현장적용도에 영향을 미치는 학습자 수준의 변인은 성별, 근무하는 지역, 학교급별, 학업욕구 요인, 자기조절학습능력 요인, 물리적환경 요인 등으로 나타났다. 남교사가 여교사보다, 서울이 군·읍·면 지역보다, 초등학교가 중학교, 고등학교 교사보다 현장적용도가 높은 것으로 나타났다. 학습욕구가 높을수록, 자기조절학습능력이 높을수록, 물리적환경이 좋을수록 현장적용도가 높게 나타났다.

교육기관 수준의 변인은 교육기관의 유형, 교수적 요인, 상호작용 요인, 관리적 요인 등이 통계적으로 유의미한 영향을 미치는 것으로 나타났다. 교육기관 유형별로는 시·도교육청 원격연수원이 대학부설 원격연수원보다, 교수적 요인이 우수할수록, 상호작용이 많을수록 현장적용도에 정적 영향을 미쳤지만 연수원의 관리적 요인은 현장적용도에 부적 영향을 미치는 것으로 나타났다. 연구모형에서는 컴퓨터활용능력이 우수할수록, 학습참여도가 높을수록 현장적용도에 더 높은 것으로 나타났다. 그 외는 중간모형과 같은 결과를 보였다.

4) 자기개발기여도

기본모형에서 학습자 수준의 분산(.42), 교육기관 수준의 분산(.02)이 나타났는데, 이는 교육기관간 차이가 6.0%이고, 동일 교육기관 내에서 학습자간 차이가 94.0%이다.

중간모형에서 자기개발기여도에 영향을 미치는 학습자 수준의 요인은 성별, 직위, 학업욕구 요인, 컴퓨터활용능력 요인, 물리적환경 요인 등으로 나타났다. 여교사가 남교사보다, 교감 및 교장이 평교사보다, 학업욕구가 높을수록, 자기조절학습능력이 높을수록, 물리적환경이 좋을수록 자기개발기여도가 높은 것으로 나타났다. 그러나 컴퓨터활용능력은 자기개발기여도에 부적 영향을 미치는 것으로 나타났다. 교육기관 수준 변인은 교수적 요인만이 자기개발기여도에 정적 영향을 미치는 것으로 나타났다. 연구모형에서 학습자 수준의 변인인 컴퓨터활용능력이 부적 영향을 미쳤지만, 학습참여도는 정적 영향을 미치는 것으로 나타났다. 그 외에는 중간모형과 같은 결과를 보였다.

다. 정보화 원격교육의 효과성에 영향을 미치는 경로분석

구조방정식모형 분석을 통해 학습참여도와 원격교육 효과성 관련 예측변인들의 직·간접적 영향을 분석한 결과, 학습참여도에는 학습자 요인, 원격교육 효과성에는 학습자 요인, 운영자 요인, 학습참여도 요인이 유의미한 직접적인 영향을 미치고 있었으며, 이 가운데 학습자 요인은 학습참여도에 영향을 미칠 뿐 아니라 간접적으로도 원격교육 효과성에 영향을 미치는 것으로 나타났다.

2. 결론 및 제언

가. 결 론

평생교육에 있어서 가장 중요한 과제는 참여율 제고이다. 평생교육 참여율을 높이기 위한 효율적인 학습방법 중의 하나로 원격교육의 중요성이 강조되고 있다. 따라서 원격교육을 통한 학습이 효과적으로 이루어질 수 있도록 지원해 줄 필요가 있다. 이 연구에서는 원격교육의 효과성 및 효과성에 영향을 미치는 요인을 분석하였다. 연구 문제를 중심으로 결론을 제시하면 다음과 같다.

첫째, 정보화 원격연수에서의 학습참여도는 보통 수준 3점을 기준으로 볼 때 보통 수준 이하(평균 2.43점)로 나타났다. 정보화 원격연수 60시간을 기준할 때, 로그횟수 40회 이하가 47.2%, 총 학습시간은 50시간 미만이 63.9%, 게시판 게시 횟수 2회 미만이 50.0%, 토론방 참여 횟수 2회 미만이 63.4%, 학습 진도율 75%이상 이수자가 45.3% 정도로 참여도가 상당히 낮게 나타났다. 원격교육에서 학습참여율이 낮게 나타나는 이

유는 학습참여도가 성적에 제대로 반영되지 않기 때문이며, 성적에 반영된다 하더라고 형식적인 수준에 머물고 있기 때문인 것으로 보인다.

둘째, 정보화 원격교육의 효과성은 모두 보통 수준 이상인 것으로 나타났다. 정보화 원격교육을 통해 자기개발기여도(3.58점), 정보기술활용능력(3.36점), 현장적용도(3.18점) 순으로 나타났다. 즉, 자기개발기여도가 정보기술활용능력 향상보다 더 효과적이고, 정보기술활용능력 향상이 현장적용도 보다 더 효과적임을 알 수 있다. 이는 성인 학습자를 대상으로 한 평생교육사 양성교육의 효과성에 대한 전도근(2005)의 연구에서도 자아실현 효과가 가장 높게 나타나 일관된 결과를 보였다. 이는 교사의 전문성 향상과 승진을 위한 연수성적 획득이라는 측면에서 나타난 결과임을 시사한다. 그러나 원격교육 프로그램을 통해 학습한 내용을 학교 현장에서 적용하려는 노력은 상대적으로 낮게 나타났다. 그 이유는 우리나라 e러닝이 공급자 입장에서 프로그램이 만들어졌다는 이희수외(2005)의 지적, 학교 현장에서 적용과 연수내용의 연계성이 부족하다는 최유현외(2004)의 연구와 같은 맥락에서 해석할 수 있다. 또한, 학습자들의 정보화 원격연수 수강 목적이 학교업무에 적용되기 보다는 승진을 위한 연수성적 확보의 목적이 높기 때문으로 풀이된다.

셋째, 학습참여도에는 근무하는 지역, 직위, 학력, 수강 강좌수, 학업욕구 요인, 컴퓨터활용능력 요인, 물리적환경 요인, 교육기관의 유형, 관리적 요인, 상호작용 요인이 유의미한 영향을 미치는 것으로 나타났다. 학력의 경우에는 학력이 높을수록 학습참여도가 높다는 배성의(1996)와 일치된 결과를 보인 반면 근무지역에 있어서는 서울에 근무하는 교사의 학습참여도가 높았다는 윤정원(2003)과 달리 군·읍·면 지역에 근무하는 교사가 광역시에 근무하는 교사가 보다 학습참여도가 높게 나타났다. 이는 광역시에 근무하는 교사가 군·읍·면 지역에 근무하는 교사보다 시간적·정신적인 여유가 부족하여 학습참여도가 낮은 것으로 추측된다. 연령에 있어 30-40대 여자가 학습참여도가 높다는 윤정원(2003)과는 달리 이 연구에서 연령(교직경력)과 성별은 학습참여도에 있어 차이가 없는 것으로 나타났다. 이는 학습자들이 다른 직종에 비해 꾸준히 평생학습을 실현하기 때문에 연령과 성별에 있어 차이가 없는 것으로 해석할 수 있다.

한편, 컴퓨터활용능력 요인, 관리자 요인, 학습내용 요인은 학습참여도에 부적 영향을 미치는 것으로 나타났다. 컴퓨터활용능력이 우수할수록 학습참여도가 높았다는 선행연구(Grabowski, Suciati & Pusch, 1990; 정인성·최성희, 1999)와는 달리 컴퓨터활용능력이 우수할수록 학습참여도는 낮게 나타났다. 컴퓨터활용능력이 우수한 학습자의 경우에는 현장적용도는 높았지만 학습참여도는 낮게 나타난 이유는 교원 정보화 원격교육 프로그램이 학습자 수준을 고려한 학습 프로그램을 제공하지 못하는 것으로 볼 수 있다. 따라서 컴퓨터활용능력 우수 학습자들의 학습참여를 이끌어내기 위해서는 수준별 학습 프로그램을 제공해야 함을 시사한다.

운영자의 관리자 요인이 높을수록 학습참여도와 현장적용도가 낮게 나타났다. 관리자의 역할 중에서 전체적인 교육일정 안내, 학습일정 변경시 즉각적인 안내와 대안 제공, 학습자 질문에 대한 답변 등과 같이 자세한 안내는 학습참여도와 현장적용도에 정적요인이 아니라 부적요인임을 시사한다. 따라서 학습참여도를 촉진시킬 수 있는 운영자의 관리자 요인에 대해 새로운 역할이 정립되어야 함을 시사한다.

학습내용 요인은 평균 3.52점으로 학습내용이 어느 정도 잘 구성되어 있으나 서혜전(2001)의 연구와 같이 학습내용 구성이 잘 이루어질수록 학습참여도는 낮았다. 이는 학습내용 구성이 높다고 생각하는 학습자가 학습내용에 대해 자유게시판과 토론방 등에 참여할 확률이 낮은 것으로 볼 수 있다. 따라서 학습내용 구성 정도가 높다고 생각하는 학습자를 위해 학습내용에 대해 자유롭게 토론할 수 있는 실시간 토론방, 사이버카페(cybercafe) 등과 같은 다양한 방법을 통해 학습참여도를 높일 수 있는 방안을 강구해야 할 것이다.

넷째, 정보기술활용능력 향상에는 학습자 수준 변인과 교육기관 수준 변인이 모두 유의미한 영향을 미치고 있었으며, 교육기관 수준보다 학습자 수준의 변인이 더 큰 영향력을 미치는 것으로 나타났다. 학습자 수준 변인 중에서 학습욕구가 높을수록, 자기조절학습능력이 높을수록, 물리적 환경이 좋을수록, 학습참여도가 높을수록 정보기술활용능력 향상 정도가 더 큰 것으로 나타났다. 이와 같은 연구 결과는 원격교육의 효과성에 영향을 미치는 학습욕구의 영향을 밝힌 선행연구(Bruning, 1992; 김미량, 1998; 서혜전, 2001; 강숙희, 2003; 김미량, 2005) 및 자기조절학습능력의 영향을 보고한 선행연구(Zimmerman, 1990; 서혜전, 2001; 강명희·김세은, 2002; 이인숙, 2002; 이인숙, 2003)와 일관된 경향을 보이고 있다. 또한, 원격교육에 있어서 물리적환경이 학습 효과에 많은 영향을 미친다는 선행연구(전주성, 1998; 서혜전, 2001; 김기수, 2003; 신창운, 2003)와도 일관된 결과를 보여 원격교육에서 컴퓨터 성능상태, 시스템의 신뢰성 등의 중요성을 재확인할 수 있었다.

다섯째, 현장적용도에는 학습자 수준 변인과 교육기관 수준 변인이 모두 유의미한 영향을 미치는 것으로 나타났다. 학습자 수준에서 학습욕구가 높을수록, 자기조절학습능력이 높을수록, 물리적 환경이 좋을수록, 학습참여도가 높을수록 현장적용도가 더 높아지는 것으로 나타났다. 그리고 교육기관 수준에서도 학습과정에서 상호작용이 많이 이루어질수록, 교수적 요인이 우수할수록 현장적용에 도움이 되는 것으로 나타났다. 상호작용 요인의 정적 영향은 선행연구(정인성·임정훈, 2000; 정인성외, 2004; Hay외, 2004)와 일관성을 보이는 결과로써 원격교육에서 교수자와 학습자간, 학습자와 학습자간 상호작용이 활발하게 이루어질 수 있도록 프로그램을 설계해야 함을 시사하고 있다.

또한, 교수적 요인의 정적 영향도 전문분야에 대한 충분한 지식을 가지고, 학습자 질문에 대해 신속하게 피드백 할 때 원격교육 효과를 높일 수 있다는 선행연구(서혜전, 2001; 이인숙, 2002; 김도헌, 2003)와 일관된 결과를 보였다. 이는 높은 수준의 교수자와 원격의 신속한 답변이 학습자로 하여금 학습 효과를 높인다는 점을 시사한다.

여섯째, 자기개발기여도에는 학습자 수준 변인과 교육기관 수준 변인이 모두 유의미한 영향을 미치는 것으로 나타났다. 학습자 수준에서 학습욕구가 높을수록, 자기조절학습능력이 높을수록, 물리적 환경이 좋을수록, 학습참여도가 높을수록 자기개발기여도가 높은 것으로 나타났으며, 교육기관 수준에서는 교수적 요인만이 자기개발기여도에 유의미한 정적 영향을 미치는 것으로 나타났다. 교수자 요인에 의해 학습자의 자기개발에 많은 영향을 미친다는 것을 알 수 있다. 따라서 교수자의 질 개선을 위한 다양한 지원이 이루어져야 함을 시사한다.

일곱째, 원격교육 효과성에 미치는 변인들은 대부분이 직접적인 영향이었지만, 3.3~16.5% 범위가 학습참여도를 통한 간접적인 영향인 것으로 나타났다. 학습자 수준의 변인인 학습자 요인과 학습환경 요인이 학습참여도를 통해 효과성에 영향을 미치는 정도는 15.1~16.5%의 범위인데 반해, 원격 교육기관 수준의 변인인 운영자 요인은 3.3% 정도로 나타났다. 이는 원격 교육기관에서 학습참여도 촉진을 통한 효과성을 향상시킬 수 있는 다양한 형태의 서비스를 제공해야 함을 시사한다.

여덟째, 학습참여도와 원격교육 효과성에 영향을 미치는 변인 중 학습자 수준에서는 학업욕구 요인, 자기조절학습능력 요인, 물리적환경 요인이, 원격교육 기관 수준에서는 교수적 요인과 상호작용 요인으로 나타났다. 이것은 사이버 교육의 특성이 자기 주도적 학습이므로 스스로 학습하고자 하는 욕구를 가지고 있는 학습자일수록 사이버 교육은 효과적이라는 것이며, 이는 사이버 교육이 성인 학습자 특성에 따라 자기 주도적 학습능력이 높은 학습자에게 보다 효과적인 교육방법이 될 수 있음을 시사한다. 또한, 교수자의 질 관리와 다양한 형태의 상호작용이 원격교육 학습효과에 중요한 요인임을 시사한다.

나. 제 언

이와 같은 결론을 바탕으로 원격교육 프로그램의 개선 및 원격교육 발전을 위해 몇 가지 제언을 하면 다음과 같다.

첫째, 학습참여도가 원격교육 효과성에 긍정적인 영향을 미치고 있지만 실제로 학습자들의 학습참여도가 낮게(2.43) 나타났다. 원격교육 프로그램에서 학습참여도를 높일 필요가 있으며, 이를 위해서는 접속 횟수를 연수성적에 실질적으로 반영할 수 있는 시스템을 구축해야 할 것이다. 예를 들어, 학습 진도율의 경우에 70%이상 수강한 차시와 로그인한 후 일정한 시간 내 마우스 클릭이 이루어지는 경우에 대해서만 출석을 인정하는 시스템으로 보완해야 할 것이다. 그러나 반복행위를 방지하기 위해서는 1일 누적될 수 있는 최대 접속 횟수를 적정한 수준에서 제한해야 한다. 만약 1일 누적 횟수를 지나치게 낮게 한다면 접속 횟수를 채우기 위해 매일 접속해야 하므로 원하는 시간에 원하는 만큼 공부할 수 있다는 원격연수의 장점을 해칠 우려가 있다. 또한, 접속 횟수에 누적되기 위한 접속 유지시간을 설정해야 한다. 즉, 매 접속 때마다 최소 접속유지 시간을 설정하여 그 시간이 넘었을 때에만 접속 횟수에 추가될 수 있도록 해야 한다. 뿐만 아니라 최대 접속유지 시간도 설정하여 로그인 한 후 컴퓨터만 켜놓고 다른 일을 하는 경우를 방지해야 한다. 그러기 위해서는 최대 접속유지 시간이 지났을 때 클라이언트의 작업여부를 판단하기 위해 마우스 이벤트나 별도의 팝업창을 이용해서 현재 연수중임을 판단하여 접속 횟수에 누적해야 할 것이다. 아울러, 학습자들이 학습내용에 대해 게시판의 게시 횟수 및 토론방의 참여 횟수, 학습진도율 등에 대해 실질적으로 성적을 반영하여 적극적인 학습참여를 유도해야 할 것이다.

둘째, 정보화 원격교육은 학습자들의 수준을 고려해야 할 것이다. 컴퓨터 활용능력이 우수한 학습자들은 정보화 원격교육의 학습내용이 평이하다고 생각하여 학습참여도가 낮고, 자기개발에 도움이 되지 않는 것으로 나타났다. 반면, 원격교육의 상당수 학습자들은 심리적 부담이 작용했지만 효과성에 별 상관관계가 없는 것으로 나타났다. 이는 학습자들이 학습환경이 좋아서가 아니라 학습시간을 제대로 확보하기 어려운 학습환경 속에서도 학습자들이 나름대로 노력하여 상당한 성과를 거두고 있는 것으로 해석할 수 있다. 그러므로 교수 설계자들은 이러한 학습자들의 상황을 이해하고 있어야 할 것이다. 평이한 학습내용의 수준은 학습참여도와 학습효과를 저해하고, 지나치게 많은 학습량과 높은 난이도는 학습자들의 중도 포기를 불러오는 요인이 되므로 적절한 난이도와 학습량을 구조화시켜야 한다. 한 연수과정 내에서 필수적인 내용은 프로그램의 통제에 따라 학습하고, 심화적인 내용은 학습자의 관심과 능력에 따라 선택하여 학습할 수 있도록 해야 할 것이다.

셋째, 원격교육 효과성에는 교육기관 수준보다 학습자 수준의 변인이 더 큰 영향력을 미친다. 즉, 원격교육의 효과는 상당부분 학습자 개인의 노력 여하에 따라 결정된다는 것을 말해 주는 것이다. 그럼에도 불구하고, 프로그램의 상호작용 정도가 낮았지만(평균 2.68), 원격교육 효과에 유의미한 영향을 미치고 있다는 것은 원격교육 프로그램을 설계할 때 특히, 학습과정에서 상호작용을 촉진하는데 노력을 기울일 필요가 있다는 것을 알려주고 있다. 학습과정에서 상호작용을 촉진하기 위해서는 교수자와 학습자, 학습자와 학습자, 학습자와 과정 운영자, 교수자와 과정 운영자간 다양한 상호작용을 촉진할 수 있도록 가상공간을 만들 필요가 있다. 원격 교육기관 프로그램의 대부분이 교수자가 일방적으로 설명하는 수업 시스템으로 이루어지고 있어 상호작용이 많지 않다. 현재 원격 교육기관의 상호작용은 자유게시판, 토론방, 학습 Q&A형태로 운영되고 있는데, 이 외에 학습자에게 피드백을 제공하고, 학습자로부터 피드백을 유도할 수 있도록 사이버 카페(cybercafe)라는 가상공간을 만들어 사이버 공간에서 학습참여도를 높일 수 있도록 해야 할 것이다. 또한, 음성 토론방과 화상 토론방을 개설하여 학습내용과 관련된 부분에 대해 교수자와 학습자, 학습자와 학습자 간에 실시간(on-line) 토론이 원활하게 이루어질 수 있도록 해야 할 것이다.

　넷째, 교육기관 수준에서 많은 노력을 기울려야 할 부분은 교수자의 질 개선이다. 그러나 교수자는 원격교육 활용에 있어서 장애요소로 교과과정을 개발하는데 많은 시간과 노력이 소요되고, 온라인 학습을 진행하는데 교수방법에 대한 지식이 요구된다는 점이 지적되고 있다. 따라서 원격교육의 효과를 높이기 위해서 교수자에게 코스개발에 필요한 기술적 지원과 교수내용의 온라인화에 대한 지원 등이 요구된다. 원격교육에서는 기존의 오프라인 교육체제에 비해 훨씬 다양하고 세분화된 교수자의 역할이 요구되기 때문에 '강사인력정보시스템'을 공동 구축·운영하여 온라인 교수자에 대한 연수체계를 수립하는 것이 무엇보다도 필요하다.

　다섯째, 원격교육 연수원의 평가에서 최우수, 우수, 양호, 보통, 미흡으로 분류한 것과 같이 이 연구에서도 원격교육의 효과성에 있어서 원격 교육기관 간의 차이가 6.0~7.7% 정도로 나타났다. 따라서 원격 교육기관은 e-러닝 콘텐츠의 생산, 유통, 활용에 있어서 학습자의 만족도를 제고할 수 있도록 국가수준에서 원격 교육기관 운영표준 모델을 통해 철저한 품질관리를 제고하면서 전국 단위의 '연수종합관리시스템'을 구축해야 할 것이다. 또한, 수요자 요구와 연수 만족도를 분석하여 맞춤식 연수를 진행할 수 있는 홈페이지를 확대하고, 각 연수원에 구축되어 있는 각종 자료(우수 강사자료, 강의원고, 연수과정)와 정보 교환이 활성화되도록 네트워크를 구축하며, 콘텐츠 개발비용 중복투자를 해결하면서 양질의 콘텐츠 개발을 위해 '콘텐츠공동개발협의회'를 구성해 볼 필요가 있다. 더 나아가 원격 교육기관의 질 관리를 위해 외국 원격 교육기관과 전략적으로 연합하여 우수 교육 프로그램을 개발할 수 있는 방안을 구상해야 할 것이다.

Ⅵ. 참고문헌

1. 국내문헌

강명희·김민경(2003). 웹 자원기반 학습에서 교수자가 제공하는 메타인지촉진전략의 효과 비교. **기업교육연구**. 제5권 제1호, pp.5-28.

강명희·김세은(2002). 온라인 프로젝트 수행을 지원하는 자기규제학습 촉진 전략의 효과. **교육공학연구**. 제18권 제1호, pp.3-22.

강상현(1998). 정보화시대의 교육: 온라인 원격교육을 중심으로. **정보화시대의 매체정책과 문화정책논문집**. 한국언론학회·사회학회공동세미나.

강숙희(2003). 사이버수업 운영유형과 자기규제학습수준이 학업성취도에 미치는 영향. **한국교육정보방송학회**. 제9권 제4호, pp.209-228.

강인애(1996) 컴퓨터 네트워크와 구성주의: 교육적 의미와 효과. **정보과학학회지**. 제14권 제21호, pp.15-29.

강운선(1998). 매체활용수업에서 학업성취 요인에 관한 비교 연구: 컴퓨터, 영상매체, 인쇄매체 활용수업을 대상. **사회와 교육**. 제26권 제1호, pp.1-21.

구교정·김영화(2005). 교원 정보화 원격교육의 효과에 영향을 미치는 요인분석. **한국교육**. 제32권 제3호, pp.331-354.

교육인적자원부(2000). **원격대학의 질 관리 및 원격교육에 대한 학점인정 방안 연구**.

____________(2002). 교육인적자원부 법제처.
(http://www.moleg.go.kr).

____________(2005). **2005년 교원연수 운영방향**.

교육인적자원부·한국교육학술정보원(2003). **원격연수원평가**.

_______________________________(2004). **교육정보화백서**.

_______________________________(2005). **교육정보화백서**.

권성호(1998). **교육공학의 탐구**. 서울: 양서원.

_____(2000). 차세대 교수매체로서 인터넷 방송의 의미와 전망. **한국교육정보미디어학회**. 제6권 제1호, pp.31-47.

김계현·백순근·홍송이·이강주(2003). 서울대학교 2003년 졸업예정자 대학생활 의견조사 연구. **서울대학교 대학생활문화원**. 제37권 제1호, pp.1-15.

김기수·한영춘·이상헌(2003). 웹기반 원격교육시스템의 학습 효과에 영향을 미치는 요인에 관한 연구. **경영연구**. 제18권 제3호, pp.195-218.

김남순(2001). 비용-효용분석. 한국교육재정경제학회편. **교육재정경제학 백과사전**. 서울: 하우동설.

김도헌(2003). 사이버 원격학습 환경에서의 학습자의 학습접근방식과 교수자의 교수접근방식 간의 관계성 연구. **교육정보미디어연구**. 제9권 제1호, pp.65-95.

김동식(1998). 사용자 인터페이스 상호작용성 증진을 위한 버튼 이론의 재조명. **교육공학연구**. 제14권 제3호, pp.33-52.

김미량(1998). 학습환경에서 상호작용성의 정도가 학습 결과의 제 측면에 미치는 영향. **교육학연구**. 제6권 제4호, pp.173-197.

______(2003). 교육용 웹 사이트 평가를 위한 준거의 개발 및 적용. **한국 컴퓨터교육학회**. 제6권 제1호, pp.41-54.

______(2005). e-Learning 대학원 과정에서의 학습자 몰입 및 강의만족도 영향요인에 관한 연구. **한국교육**. 제32권 제1호, pp.165-201.

김민경·노선숙(1999). 상호작용 증진을 위한 웹기반 게시판의 내용 및 사용실태 분석: 원격수학수업에서의 사례연구. **교육공학연구**. 제15권 제1호, pp.219-239.

김영문·이재홍(1999). 가상대학 환경에서 원격강의의 효과에 관한 연구. **경영교육논총**. 제19집, pp.91-115.

김영화(2001). 성인학습 기회와 참여의 형평성: 실태와 과제. **평생교육학연구**. 제7권 제1호, pp.41-67.

김영환외(2003). **원격교육의 이론과 실제**. 서울: 학지사.

김유진(1998). **웹기반 가상연수의 교육효과에 영향을 주는 요인**. 서강대학교 석사학위논문.

김용·구덕희·김석태·김영철·나현미·장인영(2005). **원격교육연수원 업무 편람 및 운영모델 연구**. 한국교육학술정보원.

김은옥(1998). **학습자의 가상수업 참여에 영향을 미치는 요인 연구**. 서울대학교 석사학위논문.

김정겸(2003). 사이버 교육관련 요소분석. **인문학연구**. 제30권 제2호, pp.65-88.

김종의·이희정(2000). 교육서비스의 고객만족 영향요인에 관한 연구. **경제경영논집**. 제30권 제1호, pp.152-171.

김희수(2003). **원격교육 교수학습을 위한 원격교육론**. 서울: 한올출판사.

나일주·한안나(2002). 학습자, 교수자, 운영자의 e-learning 인식분석.

한국정보방송연구. 제8권 제2호, pp.115-134.

남기찬 · 임효창 · 황국재(2002). 온라인(on-line) 교육훈련의 효과성에 관한 연구. **한국경영과학회**. 제27권 제1호, pp.75-94.

남수경(2003). 원격 교원 연수의 비용-효과성 분석. **교육행정학연구**. 제21권 제2호, pp.475-502.

두민영 · 김영수(2000). 웹기반 학습에서 수업에 대한 관련성 향상 메시지가 학습자의 중도 탈락 및 학업성취도에 미치는 영향. **교육정보방송학회**. 제6권 제2호, pp.73-90.

류완영(1999). **웹기반 교육에서의 평가**. 나일주(편). 웹기반교육. 서울: 교육과학사

박인우(1998). 효율성의 관점에서 본 가상대학에 대한 비판적 검토. **교육공학연구**. 제15권 제1호, pp.113-136.

박진형(1998). **원격대학생들의 학업 중단 관련 요인 연구**. 서울대학교 석사학위논문.

배성의(1996). 사회교육 참여수준의 결정요인 분석. **사회교육연구**. 제2권 제1호, pp.85-108.

백영균(1999). **웹기반 학습의 설계**. 서울: 양서원.

서혜전(2001). **웹기반 평생교육 프로그램의 학습 성과 관련 요인 연구**. 숙명여자대학교 박사학위논문.

성백(2002). 웹기반 학습에서 상호작용 유형 및 활성화 전략. **교육발전**. 제21권 제1호, pp.245-267.

송인섭 · 박성윤(2002). 목표지향성, 자기조절학습, 학업성취와의 관계연구. **한국교육심리학회**. 제14권 제2호, pp.29-36.

신창운(2003). **웹기반 원격교육 시스템 구축시 주요 성공요인 분석**. 대

구대학교 박사학위논문.

신현국(2001). **중년여성을 위한 인터넷 교육 만족도와 개선방안 연구**. 홍익대학교 박사학위논문.

안미리·김재웅·권성호·김성식·이종연·노관식·장상필(2000). 원격교육연수원 및 원격교육대학원 모형개발과 운영방향 연구. **교육행정학연구**. 제6권 제1호, pp.133-167.

유병민(2001). 웹기반 원격교육을 위한 성인이용자 특성분석. **평생교육학연구**. 제7권 제1호, pp.69-88.

유인출(2001). **성공적인 e-learning 비즈니스 전략**. 서울: 이비컴.

유평준(2002). e-learning 질 관리 방안: e-learning의 현주소와 개선방안. **월간산업교육**. 5월호, pp.66-69.

______(2003a). 원격대학원 온라인수업의 학습참여도, 학업성취도 및 학습만족도에 미치는 학습자관련 변인. **교육정보방송연구**. 제9권 제4호, pp.229-267.

______(2003b). e-러닝 평가의 구성요소 및 평가준거에 관한 소고. **산업교육연구**. 제9권, pp.73-94.

______(2003c). 원격교육에서 운영의 중요성과 교수자, 운영자 학습사의 역할에 대한 논의. **원격교육연구**. 제3권 제1호, pp.161-178.

윤정원(2003). **웹기반 교원 원격연수 프로그램에 대한 평가**. 건국대학교석사학위논문.

이선순·이홍석(2005). 원격교육대학에서 학업성취도 영향을 미치는 학습자 요인 비교분석. **평생학습사회**. 제1권 제1호, pp.131-150.

이옥화·곽덕훈·유평준·임연옥(2002). **대학 및 대학원에서의 Cyber 교육의 제도적 정비방안**. 학술진흥재단 협동연구 특별정책지원사업보고서.

이인숙(2002). **e-러닝: 사이버 공간의 새로운 패러다임**. 서울: 문음사.

______(2003). e-learning 환경에서의 자기조절학습전략, 자기효능감과 e-learning 학술전략 수준 및 학업성취도 관련성 규명. **교육공학연구**. 제19권 제3호, pp.41-68.

이재열·강상진·방하남·이명진·박경숙·은기수·한준·이윤석(2005). **사회과학의 고급계량분석**. 서울대학교 출판부.

이희수·최운실·백은숙·변종임·최지희·김기홍·김득영·권재현·이현석 (2002). **생애단계별 평생교육 실태조사 분석 및 평생교육 기초통계자료 확보방안 연구**. 한국교육개발원.

이희수·곽덕훈·김효근·변태준·안동윤·장시준·정미영·강병구 (2005). **e-러닝을 통한 국가인적자원개발 추진전략 실행계획**. 교육인적 자원부.

임광명(2000). **여성학습자의 특성에 따른 인터넷 교육 프로그램 만족도와 학업성취도에 관한 연구**. 서울대학교 박사학위논문.

임정훈(1999). 웹기반 가상수업에서의 대인간 상호작용에 관한 일고찰. **원격교육논총**. 13호, pp.47-77.

임정훈·이항녕(2003). 웹기반교육의 효과에 영향을 미치는 학습자 요인 탐색. **원격교육연구**. 제3권 제1호, pp.179-207.

임철일(2000). **교수설계이론**. 서울: 교육과학사.

전도근(2005). **평생교육사 양성교육의 효과 연구**. 홍익대학교 박사학위논문.

전주성(1996). **성인교육 프로그램 참여자의 중도탈락 요인 분석: 대학부설 평생교육원을 중심으로**. 서울대학교 석사학위논문.

정남호·조일현·임규연(2003). 학습자의 학습관리시스템 이용과 성과에 영향을 미치는 요인에 관한 연구-학습자 자기조절 학습능력과 과제의 실제성 역할을 중심으로. **한국경영정보학회**. 2003권 단일 호, pp.356-363.

정민승(2002). **사이버 공간과 평생학습**. 서울: 교육과학사.

정영식(2004). 교원 원격연수 시스템 분석을 통한 원격연수 활성화 방안에 관한 연구. **정보교육학회**. 제8권 제1호, pp.15-25.

정옥년·김동식(2001). 교사 교육용 하이퍼텍스트 읽기 학습의 효과분석. **교육학연구**. 제40권 제3호, pp.153-180.

정인성(1998). **방송대학 가상교육체제 설계**. 한국방송통신대학교 방송통신교육연구소. 교육자료 97-4.

______(1999). **웹기반 교육의 효과요인 분석**. 서울: 교육과학사.

______(2000). 평생교육을 위한 웹기반 학습에서 상호작용 유형에 따른 효과분석. **교육공학연구**. 제16권 제1호, pp.223-246.

정인성·임정훈(2000). **첨단 매체를 활용한 원격교육의 투자효과 분석**. 한국방송통신대학교 방송통신교육연구소. 연구보고 99-3.

정인성·임정훈·최종근(1999a). 웹기반 가상교육의 질 향상을 위한 평가안 및 적용. **원격교육논총**. 제13호, pp.1-46.

__________________(1999b). **웹기반 가상수업 평가연구**. 한국방송통신대학교 방송통신교육연구소. 연구보고 98-1.

정인성·임철일·최성희·임정훈(2004). 평생교육을 위한 웹기반 학습에서 상호작용 유형에 따른 효과분석. **교육공학연구**. 제16권 제1호, pp.223-246.

정인성·최성희(1999). 온라인 열린 원격교육의 효과요인 분석. **교육공학연구**. 제37권 제1호, pp.369-388.

정재삼·임규연(2000). 웹기반 토론에서 학습자의 참여도, 성취도 및 만족도 관련 요인의 효과분석. **교육공학연구**. 제16권 제2호, pp.107-135.

정해용·김상훈(2002). 사이버 교육 효과의 영향요인에 관한 실증적 연구. **한국정보시스템학회**. 제11권 제1호, pp.167-181.

정혜정(2000). **원격교육 학습자의 학습지속과 비지속: 한국방송통신대학교 신·편입생을 대상으로**. 고려대학교 박사학위논문.

조미헌·김민경·김미량·이옥화·허희옥(2004). **e-learning콘텐츠 설계**. 서울: 교육과학사.

조은순(1999). 가상수업에서 학습자 반응평가에 대한 연구: 가상대학의 위상강좌 수업사례 분석. **목원대학교 논문집**. 제37집, pp.89-104.

＿＿＿＿(2002). **최상의 학습 성과를 위한 e-러닝의 활용**. 서울: 한국능률협회.

주영주·김지연(2003). e-Learning 환경에서 교수-학습지원체제로서 튜터의 역할 및 역량에 관한 탐색. **교육과학연구**. 제34권 제1호, pp.19-39.

주영주·최성희(2003). 대학교육의 질 향상을 위한 성공적인 사이버 교육의 운영요소 및 전략. **교육과학연구**. 제33집 제2호, pp.121-139.

직업능력개발원(2001). **사이버 교육 운영자 직무분석**. 연구자료 01-7-9.

최광신·노진덕(2002). 사이버 교육의 영향요인이 학생만족도에 미치는 영향: 학습자 및 교수자와의 상호작용 효과를 중심으로. **한국정보전략학회**. 제5권 제2호, pp.23-52.

최돈민·양홍권·이세정(2005). **한국 성인의 평생학습 참여 실태조사**. 한국교육개발원.

최유현·나승연·이미자·양혜경(2004). **교원의 정보활용능력에 대한 실태 분석**. 한국교육학술정보원.

통계청(2004). **사회통계조사보고서**.(http://kosis.nso.go.kr).

한국교육학술정보원(2001). **정보통신기술(ICT)기술활용 교육장학안내서**.

한국방송통신대학교(2004). **원격교육활용론**. 서울: 예하미디어.

한상길(2004). **원격교육론**. 서울: 양서원.

한정선(1999). 효율적인 가상교육 구현을 위한 제고. **교육공학연구**. 제
    15권 제1호, pp.331-353.

허미화·염창선(2001). 가상대학의 학습 효과에 영향을 미치는 요인에 대한
    실증적 연구. **산업경영시스템학회**. 제24권 제63호, pp.79-87.

홍기칠(1994). 자기조절 기능의 발달수준에 따른 컴퓨터 본위 수업의 통
    제방략의 학습과 동기에 미치는 효과. **교육학연구**. 제33권 제5
    호, pp. 103-133.

2. 외국문헌

Bailcy, K. D.(2002). *The effects of learning strategies on student
    interaction and student satisfaction.* Unpublished doctoral
    dissertation, The Pennsylvania State University.

Bear, Richards, and Lancaster.(1987). Attitude toward com-
    puters: Validation of computer attitude scale. *Journal of
    Computing Research.* 31, pp.207-218.

Berge, Z.(1996). *The role of the online instructor/facilitator.*
    http://star.ucc.nau.edu/~
    mauri/moderate/teach-online.html.(검색일: 2005. 3.

20).

Brookfield, S.(1986). *Understanding and facilitating adult learning.* SanFancisco: Jossey-Bass.

Bruning, S.(1992). *An examination of the social, psychological, and communication variable that fluence user perceptions of computer mediated communication technologies.* Unpublished doctoral dissertation, Kent State University.

Bryant, F. K.(2003). *Determining the attributes that contribute to satisfaction among marketing students at the university level:* An analysis of the traditional/lecture method versus the internet mode of instruction. Unpublished doctoral dissertation, New Mexico State University.

Cheung, D.(1998). Developing a student evaluation instrument for distance teaching. *Distance Education.* 19(1), pp.23-42.

Child, D.(1977). *Psychology and the teacher.* New York : Holt, Rinehart and Winston.

Coggins, C. C.(1988). Preferred learning styles and their impact on completion of external degree programs. *The American Journal of Distance.* 2(1), pp.25-37.

Dirr, P. J.(1991). Understanding television-based distance education: Identifying barriers to university attendance. *Research in Distance Education.* 3(1), pp.27-40.

Doyle, C. S.(1992). Final report of international forum on information literacy. Syracuse. *ERIC Clearinghouse on*

Information Resources No. ED351033.

Fishman, B. J.(1997). Student traits and use of computer mediated communication tools: What matters and why?. *Paper presented at AERA, Eric Document Reproduction Service No. ED405854.*

Fuita-Starck, P. J. & Thompson, J. A.(1994). *The Effects of Motivation and Classroom Environment on the satisfaction of noncredit continuing education students.* The annual Forum of the Association for Institutional Research(34th, New Orleans, LA) Air Forum, University of Hawaii.

Gentemann, K. & Green, R.(2000). Comparison of outcomes for an on-line and face-to-face advanced english course: Changes in attitudes, perceptions, expectations, and behavior. at *the Virginia Assessment Group Conference in Charlottesville.* Virginia. http://assessment.gmu.edu/report/Eng302.(검색일: 2005. 3. 25)

Gibbons, M. N.(2002). *The self-directed learning handbook challenging adolescent students to excel.* SanFrancisco, California: Jossey Bass.

Gibson, C. C.(1990). Learners and learnings: A discussion of selected research. In M. G. Moore(ed.). *Contemporary Issues in American Distance Education.* Oxford Pergamon.

Grabowski, B., Suciati, & Pusch, W.(1990). Social and intellectual value of computer-mediated communications in a graduate community. *ETTI.* 27, pp.276-283.

Hanna, A. & Robert, S.(1993). Can tinto's student departure model be applied to nontraditional students? *Adult Education.* 43(2), pp.90-100.

Harasim, L.(1990). On-line education: An environment for collaboration and intellectual amplification In L. Harasim(ed.). *On-line education: Perspectives on a new environment.* NY: Praeger Publishers. pp.39-64.

Hay, A., Hodgkinson, M., Peltier, J. W. & Drago. W. A.(2004). Interaction and virtual learning. *Strategic Change.* 13, pp.193-204.

Hiltz, S. R.(1990). Evaluating the virtual classroom, In L. Harasim(ed.). *Online Education: Perspective on a new environment.* NY: Praeger. pp.133-183.

Holmberg, B.(1989). The concept, basic character and envelopment potential of distance education. *Distance Education.* 10(1), pp.127-135.

Johnson, E. S.(2002). *Factors influencing completion and non-completion in community college online courses.* University of Illinois at urbana-champaign.

Jung, I. S. & Rha, I.(2000). Effectiveness and cost-effectiveness of online education: A review of literature. Educational Technology. 40(4), pp.57-59.

Kathryn, C.(1997). *Locus of Control and choice of course delivery mode at an Ontario Community college.* University of Utoronto.
http://www.oise.utoronto.ca/.(검색일: 2005. 3. 24).

Kaye, A.(1987). Introducing computer-mediated communication into a distance education system. *Canadian Journal of Education Communication.* 16(2), pp.153-166.

Kember, D. A.(1989). Longitudinal-process model of drop-out from distance education. *Journal of Higher Education.* 60(3), pp.278-299.

Khan, B. H.(2002). *e-learning strategies.* Englewood Cliffs, NJ: Educational technology publications. 강명희·이미화·송상호 (2004)(역). 이러닝 성공전략. 경기: 서현사.

Knowles, M. S. (1980). *The modern practice of Adult Education Chicago*: Follett Publishing Company. pp.43-44.

_________________(1989). *The making of adult educators.* N.J: Kranger Publisher, Technology publications.

Krikparik, D. L.(1998). *Evaluating Training Programs: The Four Levels.* San Francisco, CA: Berret-Koehler Publishers.

Maslow, A. H.(1970). *Motivation and personality.* New York: Harper & Row.

McGee, P.(1997). *Computer-mediated communication: facilitating dialogues.*
http://www.coe.uh.edu/~ichen/173.html.(검색일: 2005. 4. 20).

Moore, M. & Kearsley, G.(1996). *Distance Education: A system view.* Belmont, CA: Wadsworth Publishing Company. 양영선·조은순 (1998)(역). 원격교육의 이해와 적용. 서울: 예지각.

OECD(2005). Education at a Glance 2005.
http://www.oecd.org.(검색일: 2005. 11. 8).

210

Parker, A. M.(1994). *Locus of control, demographics and mode of delivery as predictors of dropout from distance education*. Unpublished doctoral dissertation, Arizona State University.

Paulsen, M.(1995). *Moderating educational computer conferences*. http://nki.no/ekko/for-alle/fagartikler/moderating.html. (검색일: 2005. 3. 21).

Peters, O.(1992). Understanding distance education. Harry, K., John, M., and Keegan, D.(eds.). *Distance Education: New perspectives*. London: Routledge.

Phillps, J. J.(1997). *Handbook of Training Evaluation and Measurement Methods*. Houston. TX: Gulf Publishing Company.

Phythian, T. & Clements, M.(1980). Post-foundation tutorial planning. *Teaching at a Distance*. Vol. 18(winter), pp.38-43.

Piskurich, G. M. & Sanders, E. S.(1998). *ASTD models for learning technologies: roles, competencies, and outputs*. Alexandria. Virginia: ASTD.

Pittinsky, M. & Chase, B.(2000). eds. *Quality on the line: Benchmarks for Success in Internet-Based Distance Education*. Washington, USA: Institute for Higher Education.

Rena, M. P. & Keith, P.(2000). *Building learning communities in cyberspace: effective strategies for the online classroom*. John Wiley & Sons International Right, Inc.

강인애(2000)(역). 감성적 사이버 학습전략. 서울: 성우.

Robinson, B.(1997). Distance education for primary teacher Training in Developing Countries. *The Fifth International Workshop for Distance Education*. Sep. 2-4, 1997. Korea National Open University, Seoul, Korea.

Rogenberg, M. J.(2001). *E-learning: Strategies for delivering knowledge in the digital age*. NY: McGraw Hill. 유영만 (2001)(역). 이러닝: 디지털 시대의 지식확산 전략. 서울: 물푸레.

Romiszowski, A. J. & Ravitz, J.(1996). *Computer Mediated Communication*. In C. R. Dills & A. J. Romiszowski.(Ed.). Instructional Development Paradigms. Englewood Cliff, NJ: Educational Technology Publications.

Salmon, G.(2000). *E-moderating: The key to teaching and learning online*. Kogan Page Ltd.

Schunk, J. S.(1985). *Making the computer neuter*. The Computing Teacher. 12(7), pp.23-27.

Sher, A.(2004). *Assessing the relationships of student-instructor and student-student interaction with student learning and satisfaction in Web-based distance learning programs*. The George Washington University.

Simonson, M., Smaldino, S., Albright, M. & Zvacek, S.(2003). *Teaching and learning at a Distance: Foundations of Distance Education(2nd ed.)*. Upper Saddle River, NJ: Prentice Hall, Inc.

Smith, P. & Dunn, S.(1991). *Human and quality considerations*

212

in high-tech education. Telecommunication for Learning. 3, pp.168-172.

Steinfield, C. W.(1986). Computer-mediated communication in an organizational setting: Explaining task-related and socioemotional uses. In M. L. Mclauhlin(de.). *Communication yearbook.* Vol. 9, pp.777-804.

The Institute for Higher Education Policy(2000). *Quality on line: Benchmarks for success in internet-based distance education.* National Education Association.

Wishart, J. & Blease, D.(1999). Theories underlying perceived changes in teaching and learning after installing a computer network in a secondary school. *British Journal of educational Technology.* 30(1), pp.25-42.

Woodley, A. & Parlett, M.(1983). Student Dropout. *Teaching at a Distance.* 24, pp.2-23.

Wulff, S., Hanor. J. & Bulik, R. J.(2000). *The Roles and interrelationships of presence, and self-directed learning in effective world wide web-based pedagogy.* In R. A. Cole(ed.). Issues in web-based pedagogy: A critical primer. Westpost, CT: Greenwood Press.

Young, B. J.(2000). Gender difference in student attitudes toward computers. *Journal of Research on Computing in Education.* 33(2), pp.204-217.

Zimmerman, B. J. & Martinez-Pons, M.(1986). Development of a structure interview for assessing student of self-regulated learning strategies. *American Educational Research*

Journal. 23(4), pp.614-628.

Zimmerman, B. J.(1990). Self-regulated learning and academic achievement: An overview. *Educational Psychologist.* 25(1), pp.3-17.

〔부록1〕 설문지

교원 원격교육 효과에 영향을 미치는 요인에 대한 설문지

안녕하십니까?
 바쁘심에도 불구하고 귀한 시간을 할애하여 주셔서 대단히 감사합니다. 선생님의 고견은 저의 연구수행에 큰 도움이 될 것입니다.

 본 설문지는 **"교원 원격교육의 효과성에 영향을 주는 요인 분석"**을 통하여 교원 원격연수의 효과를 진단하고, 효과에 미치는 요인을 살펴봄으로써 원격교육의 효율적인 운영방안에 대한 기초 자료로 사용될 것입니다.

 선생님께서 응답해 주신 내용은 통계법 제8조에 의해 무기명으로 작성하여 신분노출이 되지 않으며, 이 연구의 통계 자료로만 활용할 것을 약속드립니다. 선생님께서 내어주신 소중한 시간과 답변은 저의 연구에 가장 귀중한 자료가 되오니 힘드시더라도 끝까지 성의껏 응답해 주시면 감사하겠습니다.

2005년 4월   일

지도교수: 홍익대학교 교육학과 교수 김영화
연 구 자: 홍익대·한국교육개발원 학연 박사과정 교육학과(평생교육) 구교정

※ 교원 원격연수 중에서 『정보화 원격교육과정』예시입니다. 아래의 과정과 유사한 강좌에 대해 "60시간 이수"하신 적이 있는 선생님께서만 설문에 응답 바랍니다.

- PC기초에서 인터넷까지, 포토샵 기초에서 활용까지
- 학교에서 엑셀, 파워포인트 활용하기
- 수업활용을 위한 멀티미디어 홈페이지 제작
- 즐거운 수업을 위한 ICT활용교육
- 역동적 홈페이지 제작을 위한 플러시 기초에서 활용까지
- 인터넷 정보검색사, 그래픽 과정

> ※ 아래의 Ⅰ-Ⅶ까지는 "**가장 최근에 받은 정보화 원격교육**"을 생각하
> 면서 응답해 주시기 바랍니다.

Ⅰ. 다음은 귀하의 『학습자 배경특성 요인』을 묻는 문항입니다. 질문들을
　　읽고 해당되는 곳에 √를 표시해 주십시오.

1. 성별: (　)① 남　　　　　(　)② 여

2. 연령: (　)① 30세미만　　　　(　)② 30이상-40세미만
　　　　(　)③ 40이상-50세미만 (　)④ 50세 이상

3. 근무하는 지역별: (　)① 서울　　　　　(　)② 광역시
　　　　　　　　　(　)③ 중소도시　　　　(　)④ 군·읍·면

4. 학교급별: (　)① 초등학교　(　)② 중학교　　(　)③ 고등학교

5. 현직위: (　)① 교사　　(　)② 부장교사　　(　)③ 교감, 교장

6. 교직경력: (　)① 5년 미만　　　　(　)② 5년 이상-10년 미만
　　　　　　(　)③ 10년 이상-15년 미만 (　)④ 15년 이상-20년 미만
　　　　　　(　)⑤ 20년 이상

7. 학력: (　)① 대학졸업　　(　)② 석사과정　　(　)③ 석사
　　　　(　)④ 박사과정 중　(　)⑤ 박사

8. **최근**에 수강하신 원격연수 비용은 누가 부담하셨습니까?
　　　(　)① 본인　(　)② 소속교육청　　(　)③ 근무하는 학교
　　　(　)④ 본인50%, 학교50%　　　　(　)⑤ 기타(　　　　)

9. 선생님께서 지금까지 원격연수는 몇 강좌를 수강하셨습니까?

   (　　)① 수강하지 않음　(　　)② 1-2강좌　(　　)③ 3-4강좌

   (　　)④ 5-6강좌　　　　(　　)⑤ 7강좌이상

10. **최근에** 정보화 원격연수를 수강하셨던 **교육기관의 유형을** 체크한 후 **구체적인 기관을** 표시해 주세요.

(　　)① 시·도교육청소속 원격교육 연수원

(　)경상남도교육연수원	(　)경상북도교육연수원	(　)전라남도교육연수원
(　)전라북도교육정보과학원	(　)충청남도교육연수원	(　)충청북도단재교육연수원
(　)부산광역시교육정보원	(　)대구광역시교육연수원	(　)대전교육정보원부설원격교육연수원
(　)경기도율곡교육연수원	(　)인천교육과학연구원	(　)울산광역시교육연수원
(　)서울특별시교육연수원	(　)강원도교육연수원	(　)광주광역시교육연수원
(　)기타(　　　　　　)		

(　　)② 대학부설 원격교육 연수원

(　)공주대학교부설원격교육연수원	(　)전남대학교부설원격교육연수원
(　)전북대학교부설원격교육연수원	(　)이화여자대학교부설중등연수원
(　)조선대학교사범대학부설중등교육연수원	(　)호남대학교부설원격교육연수원
(　)고려대학교사범대학부설중등연수원	(　)서울대학교사범대학부설교육행정연수원
(　)경남대학교사범대학부설중등교육연수원	(　)기타(　　　　　　　　　　　)

(　　)③ 민간단체 원격교육 연수원

(　)배움나라원격교육연수원	(　)유니텔원격교육연수원	(　)교원캠퍼스
(　)크래듀부설원격교육연수원	(　)투썬포써교육연수원	(　)한국교육연수원
(　)애듀미디어교육연수원	(　)한국교총원격교육연수원	(　)티처캠퍼스
(　)티처빌원격교육연수원	(　)웹포유원격교육연수원	(　)카운피아원격교육연수원
(　)기타(　　　　　)		

Ⅱ. 다음은 원격연수에서 『**학습자 요인**』에 관련된 문항입니다. 각 질문을 읽고 해당되는 번호에 체크하여 주시기 바랍니다.

번호	문항내용	매우 그렇지 않다	그렇지 않다	보통 이다	대체로 그렇다	매우 그렇다
1	나는 정보화 관련 지식을 얻고자 하는 의욕이 강하다.	①	②	③	④	⑤
2	나는 정보화 경쟁에 뒤지지 않으려는 성향이 강하다.	①	②	③	④	⑤
3	나는 원격연수과정에서 정보화 능력을 향상시키기 위해 노력하였다.	①	②	③	④	⑤
4	나는 원격연수과정에서 연수를 끝까지 지속하기 위해 노력하였다.	①	②	③	④	⑤
5	나는 컴퓨터를 거의 매일 사용한다.	①	②	③	④	⑤
6	나는 컴퓨터를 잘 다룰 수 있다.	①	②	③	④	⑤
7	나는 인터넷으로 필요한 정보를 쉽게 찾을 수 있다.	①	②	③	④	⑤
8	나는 다른 일에 지장이 생기지 않도록 온라인 수업참석 일정을 관리하였다.	①	②	③	④	⑤
9	나는 학습활동과 과제를 정해진 기일에 제출하였다.	①	②	③	④	⑤
10	나는 타인의 통제 없이 스스로 알아서 수업에 참여하였다.	①	②	③	④	⑤
11	나는 원격연수시 수업내용 준비를 하고 나서 참여하였다.	①	②	③	④	⑤
12	나는 원격연수시 과제를 스스로 해결하고자 노력하였다.	①	②	③	④	⑤
13	나는 원격연수시 지루하고 흥미가 없는 부분도 끝까지 학습하는 편이었다.	①	②	③	④	⑤

Ⅲ. 다음은 원격연수에서 『**운영자 요인**』에 관련된 문항입니다. 각 질문을 읽고 해당되는 번호에 체크하여 주시기 바랍니다.

번호	문항내용	매우 그렇지 않다	그렇지 않다	보통 이다	대체로 그렇다	매우 그렇다
1	교수자는 전문분야에 대한 충분한 지식을 가지고 있었다.	①	②	③	④	⑤
2	교수자는 학습과정에서 지적 호기심을 자극해 주었다.	①	②	③	④	⑤
3	교수자는 학습 질문에 대한 응답을 신속하게 피드백 해 주었다.	①	②	③	④	⑤
4	교수자는 학습자의 학습방법을 지원하였다.	①	②	③	④	⑤
5	운영자(관리자)는 전체적인 교육일정에 대해 신속하게 안내해 주었다.	①	②	③	④	⑤
6	운영자(관리자)는 학습 일정 변경시 즉각적인 안내와 대안을 제공해 주었다.	①	②	③	④	⑤
7	운영자(관리자)는 과정운영과 관련된 의문을 제기하였을 때 적절한 해결방안을 제공해 주었다.	①	②	③	④	⑤
8	운영자(관리자)는 행정적인 질문(비용, 연수증 등)에 적절한 응답을 해 주었다.	①	②	③	④	⑤
9	교수자(튜터)는 친밀한 인간관계를 위해 노력하였다.	①	②	③	④	⑤
10	교수자(튜터)는 학습자를 칭찬하고, 학습을 독려하였다.	①	②	③	④	⑤
11	교수자(튜터)는 네티켓을 상기시켜주었다.	①	②	③	④	⑤

Ⅳ. 다음은 원격연수에서 『프로그램 요인』에 관련된 문항입니다. 각 질문을 읽고 해당되는 번호에 체크하여 주시기 바랍니다.

번호	문항내용	매우 그렇지 않다	그렇지 않다	보통 이다	대체로 그렇다	매우 그렇다
1	학습내용은 학습목표와 일치하였다.	①	②	③	④	⑤
2	학습내용에 여러 가지 오류(지식, 맞춤법, 오답 등)가 없었다.	①	②	③	④	⑤
3	학습내용은 개인차에 의한 개별학습이 가능하도록 이루어졌다.	①	②	③	④	⑤
4	원격연수 내용은 이해하기 쉽게 구성되었다.	①	②	③	④	⑤
5	원격연수 내용은 다양한 이미지, 그래픽 자료 등으로 제시되었다.	①	②	③	④	⑤
6	학습 분량은 내 수준에 적절하게 제시되었다.	①	②	③	④	⑤
7	나는 게시판을 통해 교수자 및 다른 학습자 간에 많은 상호작용을 하였다.	①	②	③	④	⑤
8	나는 토론방에 참가하여 다른 학습자들에게 자주 의견을 제시하였다.	①	②	③	④	⑤
9	나는 e-mail을 통하여 교수자와 상호작용이 활발하였다.	①	②	③	④	⑤
10	주어진 과제량은 적절한 편이었다.	①	②	③	④	⑤
11	주어진 과제의 난이도가 적절한 편이었다.	①	②	③	④	⑤
12	시험문제의 난이도는 적절하였다.	①	②	③	④	⑤
13	성적 평가기준이 명확하였다.	①	②	③	④	⑤
14	성적 평가방법이 다양하였다.	①	②	③	④	⑤

Ⅴ. 다음은 원격연수에서 『학습환경 요인』에 관련된 문항입니다. 각 질문을 읽고 해당되는 번호에 체크하여 주시기 바랍니다.

번호	문항내용	매우 그렇지 않다	그렇지 않다	보통 이다	대체로 그렇다	매우 그렇다
1	원격연수에서 화면을 구성하는 인터페이스 설계가 효율적으로 제시되었다.	①	②	③	④	⑤
2	컴퓨터 화면이 전체적으로 조화롭게 구성되어 있었다.	①	②	③	④	⑤
3	컴퓨터 화면의 문자 크기와 모양이 적당하다.	①	②	③	④	⑤
4	원격연수 학습 콘텐츠의 질에 만족한다.	①	②	③	④	⑤
5	컴퓨터는 내 주변 가까이에 설치되어 있었다.	①	②	③	④	⑤
6	나는 언제, 어디서나 원격교육에 접속하여 학습할 수 있었다.	①	②	③	④	⑤
7	나의 컴퓨터 사양은 원격학습하기에 적합하였다.	①	②	③	④	⑤
8	원격연수시 시스템(동영상) 서비스는 안정적으로 제공되었다.	①	②	③	④	⑤
9	나의 인터넷 통신 속도는 학습하기에 적당하였다.	①	②	③	④	⑤
10	시스템 상의 기술적 문제가 발생하였을 때 도와줄 수 있는 사람이 주위에 있었다.	①	②	③	④	⑤
11	원격연수시 학습에 대한 스트레스가 있었다.	①	②	③	④	⑤
12	원격연수를 끝까지 지속하는데 심리적 부담이 있었다.	①	②	③	④	⑤

Ⅵ. 다음은 원격교육에서 『학습참여도 요인』에 관련된 문항입니다. 원격
   연수 "60시간 기준"을 생각하면서 각 질문을 읽고 해당되는 곳에 √
   를 표시해 주십시오.

1. 원격연수 과정에서 선생님의 로그횟수(로그인)는 어느 정도입니까?
   (   )① 20회 미만   (   )② 20회 이상-40회 미만
   (   )③ 40회 이상-60회 미만   (   )④ 60회 이상-80회 미만
   (   )⑤ 80회 이상

2. 원격연수 과정에서 선생님의 총 학습시간은 어느 정도입니까?
   (   )① 10시간 미만
   (   )② 10시간 이상-30시간 미만
   (   )③ 30시간 이상-50시간 미만
   (   )④ 50시간 이상-70시간 미만
   (   )⑤ 70시간 이상

3. 원격연수 과정에서 선생님의 게시판 게시 횟수는 어느 정도입니까?
   (   )① 2회 미만   (   )② 3-4회   (   )③ 5-6회
   (   )④ 7-8회   (   )⑤ 8회 이상

4. 원격연수 과정에서 선생님의 토론방 참여 횟수는 어느 정도입니까?
   (   )① 2회 미만   (   )② 3-4회   (   )③ 5-6회
   (   )④ 7-8회   (   )⑤ 8회 이상

5. 원격연수 과정에서 선생님의 **실질적인 학습참여율(진도율)**은 어느 정
   도입니까?
   (   )① 25%미만   (   )② 25%이상-50%미만
   (   )③ 50%이상-75%미만   (   )④ 75%이상-100%

Ⅶ. 다음은 원격교육에서 『**효과성 요인**』에 관련된 문항입니다. 각 질문을 읽고 해당되는 번호에 체크하여 주시기 바랍니다.

1. 원격교육을 통한 "**정보기술활용능력 향상**"에 대한 질문입니다.

번호	문항내용	매우 그렇지 않다	그렇지 않다	보통 이다	대체로 그렇다	매우 그렇다
1	나는 원격연수를 통해 정보화 지식이 향상되었다.	①	②	③	④	⑤
2	나는 원격연수를 통해 정보분석 능력이 향상되었다.	①	②	③	④	⑤
3	나는 원격연수를 통해 컴퓨터 및 인터넷 활용능력이 향상되었다.	①	②	③	④	⑤
4	나는 원격연수를 통해 다양한 프로그램 실행능력이 향상되었다.	①	②	③	④	⑤
5	나는 원격연수를 통해 정보화 기술 적용능력이 향상되었다.	①	②	③	④	⑤

2. 정보화 기술(ICT)을 "**현장적용도**"에 대한 질문입니다.

번호	문항내용	매우 그렇지 않다	그렇지 않다	보통 이다	대체로 그렇다	매우 그렇다
1	정보화 기술을 수업현장에 적용하였다.	①	②	③	④	⑤
2	정보화 기술을 교수-학습 자료개발에 적용하였다.	①	②	③	④	⑤
3	정보화 기술을 학생지도에 적용하였다.	①	②	③	④	⑤
4	정보화 기술을 학교업무처리에 적용하였다.	①	②	③	④	⑤
5	정보화 기술을 교과상담에 적용하였다.	①	②	③	④	⑤
6	정보화 기술을 학급운영에 적용하였다.	①	②	③	④	⑤

3. 원격교육을 통한 **"자기개발기여도"**에 대한 질문입니다.

번호	문항내용	매우 그렇지 않다	그렇지 않다	보통이 다	대체로 그렇다	매우 그렇다
1	자기개발(연수성적, 전문성향상)에 도움이 되었다.	①	②	③	④	⑤
2	도전의식이 함양되었다.	①	②	③	④	⑤
3	성취감을 느꼈다.	①	②	③	④	⑤
4	배움의 기쁨을 느꼈다.	①	②	③	④	⑤
5	원격연수가 보람된 일이라는 생각이 들게 되었다.	①	②	③	④	⑤

♣ 진심으로 감사합니다. ♣

〔부록2〕 원격교육 연수원 현황

2005. 7월 현재

구 분	인가일자	설립기관명	연수원 명칭
1	2000.12.01	경상남도 교육연수원	경상남도교육연수원
2	2000.12.01	광주광역시 교육연수원	광주광역시교육연수원
3	2001.03.12	경상북도 교육연수원	경상북도교육연수원
4	2001.03.12	강원도 교육연수원	강원도교육연수원
5	2001.06.08	부산광역시 교육연수원	부산광역시교육연수원
6	2001.06.08	대구광역시 교육정보원	대구광역시교육정보원
7	2001.06.08	울산광역시 교육연수원	울산광역시교육연수원
8	2001.06.08	충청북도단재 교육연수원	충청북도단재교육연수원
9	2001.06.08	전라북도교육 정보과학원	전라북도교육정보과학원
10	2001.09.04	대전광역시 교육과학연구원	대전교육정보원부설 원격교육연수원
11	2001.09.04	전라남도 교육연수원	전라남도교육연수원
12	2001.11.14	경기도율곡 교육연수원	경기도율곡교육연수원
13	2002.05.08	부산교육 정보원	부산광역시교육정보원
14	2002.05.08	충청남도 교육연수원	충청남도교육연수원
15	2002.11.13	서울특별시 교육연수원	서울특별시교육연수원
16	2003.05.28	전라북도 교육연수원	전라북도교육연수원
17	2005.06.01	전라남도 교육정보원	전라남도교육정보원

구 분	인가일자	설립기관명	연수원명칭
18	2000.12.01	고려대학교	고려대학교사범대학부설 중등교육연수원
19	2000.12.01	숙명여자대학교	숙명여자대학교부설 원격교육연수원
20	2000.12.01	이화여자대학교	이화여자대학교사범대학 부설중등교육연수원
21	2000.12.01	조선대학교	조선대학교사범대학부설 중등교육연수원
22	2000.12.01	호남대학교	호남대학교부설 원격교육연수원
23	2000.12.01	경남대학교	경남대학교사범대학 부설중등교육연수원
24	2000.12.01	서울대학교	서울대학교사범대학 부설교육행정연수원
25	2000.12.01	광주교육대학교	광주교육대학교부설 원격교육연수원
26	2000.12.01	전남대학교	전남대학교부설 원격교육연수원
27	2000.12.01	전북대학교	전북대학교부설 원격교육연수원
28	2000.12.01	공주대학교	공주대학교부설 원격교육연수원
29	2001.10.24	한국교원대학교	한국교원대학교부설 종합교육연수원
30	2001.10.24	한국방송통신대학교	한국방송통신대학교부설 종합교육연수원
31	2003.07.08	영진사이버대학	영진사이버대학부설 원격교육연수원
32	2004.02.26	경인교육대학교	경인교육대학교부설 교육대학원격교육·연수지 원센터
33	2004.07.15	국제평화대학원대학교	국제평화대학원대학교 부설원격교육연수원
34	2004.10.11	부산경상대학	부산경상대학 부설 원격교육연수원
35	2004.12.29	대구사이버대학	대구사이버대학 부설 원격교육연수원

구 분	인가일자	설립기관명	연수원명칭
36	2000.12.01	(주)크레듀	(주)크레듀부설원격교육연수원
37	2000.12.01	(주)캠퍼스21	교원캠퍼스
38	2000.12.01	유디에스(주)	유니텔원격교육연수원
39	2001.06.08	(주)애듀미디어	(주)애듀미디어교육연수원
40	2001.06.08	영상미디어 교육원 이엔에프	투써포써교육연수원
41	2001.06.08	사랑의 전화복지재단	사랑의 전화복지재단 원격교육연수원
42	2001.11.14	(주)이일코리아	티처캠퍼스 (Teacher campus)
43	2002.05.08	(주) 배움닷컴	배움닷컴원격교육연수원
44	2002.05.08	(주)테크빌닷컴	티처빌원격교육연수원
45	2002.05.08	(주)마이티넷	웹포유원격교육연수원
46	2002.05.08.	(주)마음커뮤니케이션	카운피아원격교육연수원
47	2002.11.13	한국정보문화센터	배움나라원격교육연수원
48	2002.11.13	(주)티스쿨 교원연수원	교원연수원(Tschool)
49	2002.12.18	한국교원단체총연합회	한국교총원격교육연수원
50	2003.03.26	전국교직원노동조합	참교육원격교육연수원
51	2003.11.01	한국교원연수원(주)	한국교원연수원
52	2003.12.30	통일교육원	통일교육원
53	2004.02.26	국립특수교육원	국립특수교육원 부설원격교육연수원
54	2004.07.15	(재)한국방송영상산업진흥원	한국방송영상산업진흥원 부설원격교육연수원
55	2004.07.30	기상청	사이버 기상교육 원격교육연수원
56	2005.06.22	청소년폭력 예방재단	학교폭력예방교육센터 원격교육연수원

· 저자 ·

구 교 정
（具 敎 貞）

· 약 력 ·

한국외국어대학교 석사
홍익대 · 한국교육개발원 학연 박사과정 교육학과(원격 평생교육전공) 박사

충남대학교 교육학과 강사
인천외국어고등학교 교사
(현) 국제디지털대학교 교육학과 강사
(현) 가좌중학교 교사

· 주요논저 ·

「사이버수업 시범 운영 보고서」(공저). 2002.
「미국 평생교육 정책 분석 연구」. 2003.
「교원 정보화 원격교육 효과에 영향을 미치는 요인 분석 연구」(공저). 2005.
「성인 원격교육 효과성에 영향을 미치는 요인 분석 연구」. 2006.
「교원 원격교육 효과성에 영향을 미치는 요인 분석 연구」 2006.
『학교 · 교육기관 평가』(공저). 2004.
『교원노조법 해설』(공저). 2004.
『학교 교육법 편람』(공저). 2005.
『각국의 평생교육정책』(공저). 2006.
외 다수

원격교육의 효과성

· 초판 인쇄	2006년 4월 30일
· 초판 발행	2006년 4월 30일
· 지 은 이	구교정
· 펴 낸 이	채종준
· 펴 낸 곳	한국학술정보㈜
	경기도 파주시 교하읍 문발리 526-2
	파주출판문화정보산업단지
	전화　031) 908-3181(대표) · 팩스　031) 908-3189
	홈페이지　http://www.kstudy.com
	e-mail(e-Book사업부)　ebook@kstudy.com
· 등　　록	제일산-115호(2000. 6. 19)
· 가　　격	25,000원

ISBN　89-534-4918-9 93370 (Paper Book)
　　　　89-534-4919-7 98370 (e-Book)